KNUT AMELUNG

Rechtsschutz gegen strafprozessuale Grundrechtseingriffe

Strafrechtliche Abhandlungen · Neue Folge

Herausgegeben von Dr. Eberhard Schmidhäuser
ord. Professor der Rechte an der Universität Hamburg

In Zusammenarbeit mit den Strafrechtslehrern der deutschen Universitäten

Band 28

Rechtsschutz gegen strafprozessuale Grundrechtseingriffe

Von

Dr. Knut Amelung

Wissenschaftlicher Rat und Professor
an der Universität Bochum

DUNCKER & HUMBLOT / BERLIN

CIP-Kurztitelaufnahme der Deutschen Bibliothek

Amelung, Knut
Rechtsschutz gegen strafprozessuale Grund-
rechtseingriffe. — 1. Aufl. — Berlin:
Duncker und Humblot, 1976.
  (Strafrechtliche Abhandlungen: N. F.;
Bd. 28)
ISBN 3-428-03666-2

Alle Rechte vorbehalten
© 1976 Duncker & Humblot, Berlin 41
Gedruckt 1976 bei Buchdruckerei A. Sayffaerth - E. L. Krohn, Berlin 61
Printed in Germany
ISBN 3 428 03666 2

Für Hans-Ludwig Schreiber

Vorwort

Die vorliegende Untersuchung wurde im Dezember 1975 abgeschlossen. Nachfolgende Rechtsprechung und Literatur konnte nicht mehr im Text berücksichtigt werden.

Daher ist hier noch auf den kürzlich in DöV 1976 S. 170 ff. veröffentlichten *Beschluß des OLG Karlsruhe vom 8. 12. 1975* hinzuweisen. Diese Entscheidung belebt wieder die These vom angeblichen Ausschluß des Rechtsschutzes gegen Prozeßhandlungen und versagt deshalb den Rechtsschutz gegen die Entnahme einer Blutprobe nach § 81 a StPO. Das Argument des Gerichts, es müsse verhindert werden, daß neben dem eigentlichen Strafverfahren weitere Verfahren einherliefen, kann freilich nicht überzeugen. Denn die §§ 98 Abs. 2/304 und 305 S. 2 StPO zeigen, daß das Strafprozeßrecht solche Nebenverfahren bei Grundrechtseingriffen in Kauf nimmt — in § 305 S. 2 StPO sogar während der Hauptverhandlung. Weiter ist der *Beschluß des Bundesverfassungsgerichts vom 29. 10. 1975* in NJW 1976 S. 141 zu erwähnen, der den aus Art. 19 Abs. 4 GG abgeleiteten Grundsatz der Effektivität des Rechtsschutzes bei Rechtsmitteln gegen eine (finanz-)gerichtliche Entscheidung anwendet. Damit verringert sich der Abstand zwischen der Verfassungsrechtsprechung und den in dieser Arbeit verfochtenen Thesen zur Anwendbarkeit des Art. 19 Abs. 4 GG im Bereich der Justiz. Schließlich dürfte bei Erscheinen der Abhandlung bereits die auf S. 65 geführte Klage überholt sein, die Lehrbücher des Strafprozeßrechts vernachlässigten das Problem des Rechtsschutzes gegen Grundrechtseingriffe. Herr Professor Dr. Roxin, dem das Manuskript dieser Untersuchung vorlag, hat in die 14. Auflage des *Lehrbuches von Kern/Roxin* einen Abschnitt über den hier behandelten Problemkreis aufgenommen (vgl. dort § 29 D).

Meinen Helfern, den Herren cand. jur. Heiner Drabiniok und Karl-Ernst Wehnert, danke ich für vielfache Unterstützung. Zu danken habe ich auch Herrn Prof. Dr. Schmidhäuser und Herrn Prof. Dr. J. Broermann, die die Aufnahme der Arbeit in die „Strafrechtlichen Abhandlungen" ermöglichten und sich um eine zügige Drucklegung bemühten.

Bochum im Juni 1976   *Knut Amelung*

Inhaltsverzeichnis

I. Einleitung

1. Das Problem 13
2. Zur Charakterisierung strafprozessualer Grundrechtseingriffe 14

II. Rechtsschutz gegen nicht erledigte Grundrechtseingriffe

1. Vom Richter angeordnete Grundrechtseingriffe 18
   - a) Beschwerde und Beschwer 18
   - b) Gesetzlicher Ausschluß der Beschwerde 19
   - c) Der Ausschluß der Beschwerde und Art. 19 Abs. 4 GG 22
   - d) Abgrenzungsfragen beim Rechtsschutz gegen Maßnahmen zum Vollzug richterlicher Anordnungen 23
2. Grundrechtseingriffe der Staatsanwaltschaft 25
   - a) Der Rechtsweg nach §§ 23 ff. EGGVG 25
   - b) Sonderrechtswege nach der Strafprozeßordnung 27
   - c) Die für den Rechtsschutz nach § 23 ff. EGGVG verbleibenden Eingriffe 35
3. Grundrechtseingriffe der Polizei 36
4. Zusammenfassung und Kritik 39

III. Rechtsschutz gegen erledigte Grundrechtseingriffe

A. Die Behandlung des Problems im Verwaltungsprozeßrecht 40

   1. Klageart 40
   2. Berechtigtes Interesse 42
   3. Erledigungsbegriff 44
   4. Zusammenfassung 45

B. Der Rechtsschutz gegen erledigte Grundrechtseingriffe im Strafverfahren 46

   1. Rechtsschutz durch das Bundesverfassungsgericht 46
   2. Rechtsschutz gegen erledigte Grundrechtseingriffe der Staatsanwaltschaft und der Polizei 48

      a) Rechtsschutz im Bereich der §§ 23 ff. EGGVG 48
      b) Rechtsschutz im Bereich der Strafprozeßordnung 49
  3. Rechtsschutz gegen erledigte Grundrechtseingriffe des Richters .. 52
      a) Nachholung des rechtlichen Gehörs 52
      b) Beschwerde 58
  4. Zusammenfassung 60

IV. Rechtspolitischer Ausblick

1. Ursachen der Mängel im Rechtsschutz gegen strafprozessuale Grundrechtseingriffe 62
2. Zur Reform des Rechtsschutzes gegen strafprozessuale Grundrechtseingriffe 65
      a) Rechtsschutz gegen Eingriffe der Ermittlungsbehörden 66
      b) Rechtsschutz gegen Eingriffe des Richters 70

Literatur 72

Entscheidungsregister 78

Abkürzungsverzeichnis

Das Abkürzungsverzeichnis enthält nur Abkürzungen, die in dem „Abkürzungsverzeichnis der Rechtssprache" von Hildebert Kirchner (2. Aufl. 1968) nicht aufgeführt sind oder von ihm abweichen.

BayVerfGH	Bayerischer Verfassungsgerichtshof
DRZ	Deutsche Rechts-Zeitschrift
DRiZ	Deutsche Richterzeitung
ed	edition
EGGVG	Einführungsgesetz zum Gerichtsverfassungsgesetz
EGStGB	Einführungsgesetz zum Strafgesetzbuch
HessVGH	Hessischer Verwaltungsgerichtshof
HessVGRspr.	Rechtsprechung der Hessischen Verwaltungsgerichte
Justiz	Die Justiz — Amtsblatt des Justizministeriums Baden-Württemberg
Krim Journ	Kriminologisches Journal
LM	Nachschlagewerk des Bundesgerichtshofes hrsg. v. Lindenmaier, Möhring u. a.
PrStGB	Strafgesetzbuch für die Preußischen Staaten
Rechtspfleger	Der deutsche Rechtspfleger
SchlHA	Schleswig-Holsteinische Anzeigen
VersG	Versammlungsgesetz

I. Einleitung

1. Das Problem

Mit der Einräumung von sog. Zwangsbefugnissen ermächtigt die Strafprozeßordnung die Organe der staatlichen Strafrechtspflege zu Grundrechtseingriffen, die zu den schwersten unserer Rechtsordnung gehören. Gleichwohl enthält das Gesetz keine allgemeine Bestimmung über den Rechtsschutz gegen solche Maßnahmen. Soweit sie vom Richter angeordnet wurden, gilt zwar die allgemeine Rechtsschutznorm des § 304 StPO. Bei Grundrechtseingriffen aber, die die Staatsanwaltschaft oder die Polizei veranlaßte, wird der Rechtsschutz entweder im Zusammenhang mit der jeweiligen Eingriffsnorm oder überhaupt nicht geregelt. Dadurch entsteht ein wenig übersichtliches Normengeflecht, das viele Lücken aufweist und zudem noch gegen die §§ 23 ff. EGGVG abgegrenzt werden muß. Die Rechtsprobleme, die hieraus entstehen, beschäftigen zunehmend die Gerichte. In der Rechtswissenschaft haben dagegen diese Fragen bislang nur wenig Beachtung gefunden. Deshalb sollen sie hier im Zusammenhang behandelt werden.

Dabei muß man eine Besonderheit der strafprozessualen Grundrechtsbeeinträchtigungen beachten. Während unsere Verfassung im allgemeinen verlangt, daß der Bürger von dem drohenden Vollzug eines Grundrechtseingriffs rechtzeitig genug erfährt, um vorher ein Gericht zu seinem Schutze einschalten zu können[1], erfolgen solche Akte im Strafverfahren vielfach überraschend. Dies liegt daran, daß es im Strafprozeß um die Überprüfung eines Verdachtes geht und verhindert werden muß, daß der Verdächtige gewarnt wird. Bekanntlich hat das Bundesverfassungsgericht die Einschränkungen des präventiven Grundrechtsschutzes, die daraus abgeleitet werden, ausdrücklich für verfassungsmäßig erklärt[2].

Beim überraschten Bürger entsteht dann das Bedürfnis, wenigstens nach Beginn des Vollzugsaktes gerichtlichen Rechtsschutz zu erhalten. Häufig aber ist die Maßnahme bereits abgeschlossen, bevor der Betroffene überhaupt Gelegenheit erhält, sich gegen sie zu wehren. Hatte die Handlung vermögensschädigende Wirkungen, die über den aktuellen Eingriff hinausreichen, so hilft zwar immer noch das *Gesetz über die*

---

[1] Grundlegend *BVerfG* 9/89 f. *BVerwG* 16/289 f.; 17/83 f.
[2] *BVerfG* 9/89 f. (94 f.).

Entschädigung für Strafverfolgungsmaßnahmen[3] und — wo dieses Lücken aufweist — das allgemeine Staatshaftungsrecht. Doch hat der empörte Bürger u. U. ein rein ideelles Interesse daran, ein Gericht darüber entscheiden zu lassen, ob er wirklich zu Recht in seinen Grundrechten beeinträchtigt wurde. Für diese Rechtsschutzkonstellation enthält die Strafprozeßordnung vollends nur bruchstückhafte Regelungen, obgleich eine solche Lage gerade für das Strafverfahren typisch ist. Zweites Ziel der Untersuchung ist es daher, dem Rechtsschutz gegen erledigte Grundrechtseingriffe nachzugehen.

Die Behandlung der beiden aufgeführten Problemkreise wird vielfach Anlaß zur Kritik am derzeitigen Zustand des Gesetzes geben. Damit ist Stoff zusammengetragen, um einen rechtspolitischen Ausblick zu versuchen. Ihm dient der letzte Abschnitt dieser Untersuchung.

2. Zur Charakterisierung strafprozessualer Grundrechtseingriffe

Unter einem strafprozessualen Grundrechtseingriff wird im folgenden jede Anordnung oder Vollzugshandlung verstanden, die auf die Beeinträchtigung eines grundrechtlich geschützten Individualrechtsgutes zielt und der Vorbereitung oder Sicherung des Erlasses oder der Durchsetzung einer strafprozessualen Endentscheidung dient. Eingriffe zur Verfahrenssicherung sollen äußere Störungen abwehren — Beispiele sind Maßnahmen der Ermittlungsbehörden nach § 164 StPO. Eingriffe zur Verfahrensförderung sind dagegen Prozeßhandlungen, die — wie etwa die Beschlagnahme eines Beweisobjektes — die Verfahrenslage beeinflussen[4]. Da diese Maßnahmen als Grundrechtsbeeinträchtigungen und Prozeßhandlungen ihre Wirkungen sowohl auf materiell-rechtlichem als auch auf verfahrensrechtlichem Gebiet entfalten, sind sie „doppelfunktionell" im Sinne der Begriffsbildung von *Niese* und *Eberhard Schmidt*[5]. *Es wird sich zeigen, daß dies bei der Behandlung konkreter Rechtsschutzprobleme häufig übersehen wird, weil die Prozeßrechtslehre die materiellrechtlichen Wirkungen verfahrensfördernder Grundrechtseingriffe vernachlässigt*[6].

Die gegebene Definition umfaßt sowohl die grundrechtsbeeinträchtigenden Vollzugsakte als auch deren „Titel", d. h. die vorher ergehenden Anordnungen, die den Bürger zur Duldung solcher Vollzugsakte ver-

---

[3] Gesetz v. 8. 3. 1971 (BGBl I 157).

[4] Zu weiteren Differenzierungen, die hier nicht interessieren vgl. *Peters*, Strafprozeß (2. Aufl. 1966) S. 351; *Eb. Schmidt*, Lehrkommentar, Bd. II Vorbem. z. 8. und 9. Abschnitt Rdnr. 10/11.

[5] *Eb. Schmidt*, Lehrkommentar Teil I Rdnr. 29 ff. Teil II Rdnr. 5 vor § 94 StPO; *Niese*, Doppelfunktionelle Prozeßhandlungen (1950), S. 48 ff.

[6] S. unten bei Anm. 16, 28, 33, 55, 189 f. (insbes. 190 f., 200 f.).

2. Zur Charakterisierung strafprozessualer Grundrechtseingriffe

pflichten. Damit soll der Unterschied zwischen beiden Arten von Maßnahmen natürlich nicht geleugnet werden. Er ist aber — insbesondere im Hinblick auf Art. 19 Abs. 4 GG — nicht für das „ob", sondern allenfalls für das „wie" des gerichtlichen Rechtsschutzes von Bedeutung.

Eingriffe im hier umschriebenen Sinn können in jedem Verfahrensstadium erfolgen. Die gegebene Bestimmung erfaßt nicht nur die Beschlagnahme (§ 94 StPO) im Ermittlungs- und die Festnahme eines Störers (§§ 164 StPO/177 GVG) im Hauptverfahren, sondern auch den Vollstreckungshaftbefehl (§ 457 StPO) und die Haussuchung zur Wiederergreifung eines entwichenen Gefangenen (§ 104 Abs. 1 StPO). Ausgeklammert werden aber die strafprozessualen Endentscheidungen und die unmittelbar auf sie gestützten Vollzugshandlungen wie der Vollzug einer Freiheitsstrafe oder die Pfändung einer Sache zur Vollstreckung einer Geldstrafe (§§ 459 StPO/6 JBeitr. O/803 ff. ZPO). Denn die Endentscheidungen unterliegen dem allgemeinen Rechtsmittelzug der Strafprozeßordnung und ihr Vollzug hängt so eng mit dem Schicksal dieser Vollstreckungstitel zusammen, daß eine Sonderbehandlung nötig wäre, die den gesteckten Rahmen überschreiten würde. Aus dem gleichen Grunde bleiben prozessuale Maßnahmen, insbesondere der Staatsanwaltschaft, außer Betracht, die nicht auf eine Grundrechtsbeeinträchtigung *zielen*, sondern *nur Nebenwirkungen* haben, die irgendwelche subjektiven Berechtigungen berühren. Zu denken ist hier etwa an die Beeinträchtigung rechtlich geschützter Interessen des Verletzten durch eine Einstellung des Verfahrens nach § 170 Abs. 2 StPO. Die Rechtsschutzprobleme, die sich bei solchen Akten ergeben, sind bereits von *Kalsbach* eingehend untersucht worden[6a].

Was hier als Grundrechtseingriff zur Förderung oder Sicherung des Strafverfahrens bezeichnet wird, entspricht folglich dem, was die Strafprozeßrechtslehre im allgemeinen „strafprozessuale Zwangsmaßnahmen" nennt[7]. Dieser Wortgebrauch ist jedoch irreführend. Denn er führt dazu, daß das Etikett „Zwangsmittel" oder „Zwangsmaßnahme" auch zur Bezeichnung von Maßnahmen verwendet werden muß, bei denen Zwang im Sinne einer physisch wirkenden Beeinträchtigung der Handlungsfreiheit gar nicht ausgeübt wird. Man nehme nur den Aushang eines Steckbriefes oder das heimliche Abhören eines Telefongesprächs[8].

[6a] *Kalsbach*, Die gerichtliche Nachprüfung von Maßnahmen der Staatsanwaltschaft im Strafverfahren (1967), insbes. S. 31 ff.
[7] Vgl. dazu *Kern/Roxin*, Strafverfahrensrecht (13. Aufl. 1975) S. 142 f.; *Peters*, Strafprozeß (2. Aufl. 1966) S. 351 f.; *Eb. Schmidt*, Bd. II Vorbem. z. 8. u. 9. Abschnitt S. 225 ff., insbes. Rdnr. 10; *v. Hippel*, Der deutsche Strafprozeß (1941) S. 438; *Graf zu Dohna*, Das Strafprozeßrecht (3. Aufl. 1929) S. 114 f.; abw. *Henkel*, Strafverfahrensrecht (2. Aufl. 1968) S. 273 („Mittel der Verfahrenssicherung") sowie die älteren Lehrbücher, etwa *Gerland*, Der deutsche Strafprozeß (1927) S. 240; *Beling*, Deutsches Reichsstrafprozeßrecht (1928) S. 495 f.; *Binding*, Grundriß des deutschen Strafprozeßrechts (5. Aufl. 1904) S. 117 f.

16   I. Einleitung

Unter dem Gesichtspunkt der Rechtsschutzgarantie des Art. 19 Abs. 4 GG und des rechtsstaatlichen Gesetzesvorbehaltes werden diese Akte zwar zu Recht mit echten Zwangsakten wie dem Festhalten eines Verdächtigen oder eines Störers (§§ 127/164 StPO, 177 GVG) zusammengefaßt. Maßgeblich hierfür ist aber nicht eine Zwangswirkung, sondern das einheitliche Merkmal der Grundrechtsbeeinträchtigung. Die Verwendung des Wortes „Zwangsmaßnahme" verleitet dagegen dazu, den Zwang für das Entscheidende zu halten und rechtsstaatliche Grundsätze, die für alle Grundrechtsbeeinträchtigungen gelten, bei strafprozessualen Grundrechtseingriffen ohne Zwangswirkung einzuschränken. Das läßt sich durch Beispiele belegen[9].

Überdies läuft die in der Wissenschaft überkommene Redeweise der neuen Sprachregelung der Strafprozeßordnung zuwider. Das ergibt sich aus der Neufassung des § 305 S. 2 StPO durch das *EGStGB*[10]. In dieser Vorschrift unterscheidet das Gesetz jetzt zwischen Verhaftungen, einstweiligen Unterbringungen, Beschlagnahmen etc. einerseits und „Ordnungs- oder Zwangsmitteln" andererseits. Der neu in die Bestimmung eingefügte Begriff des „Zwangsmittels" wird also vom Gesetz nicht als Oberbegriff für alle Grundrechtseingriffe zur Förderung oder Sicherung des Strafverfahrens verwendet. Im Zuge der Vereinheitlichung des Sprachgebrauchs bei verfahrensrechtlichen Sanktionen ist sein Inhalt vielmehr auf die Bezeichnung von Maßnahmen zur Erzwingung künftigen Verhaltens begrenzt worden[11]. Auch deshalb erscheint es angebracht, die wissenschaftliche Begriffsbildung umzustellen.

Es mag allerdings notwendig erscheinen, den Nachweis dafür zu erbringen, daß diejenigen Akte, die die Strafprozeßrechtslehre „Zwangsmaßnahmen" nennt, auch wirklich durchweg Grundrechtseingriffe sind. Seit das Bundesverfassungsgericht entschieden hat, daß die allgemeine

---

[8] Zur Einordnung dieser Maßnahmen unter die „Zwangsmittel" vgl. *Kern/Roxin*, (Anm. 7) S. 163, 176; *Peters*, (Anm. 7) S. 360; *v. Hippel* (Anm. 7) S. 453.

[9] Vgl. etwa die Rechtsprechung der Oberlandesgerichte zur Beschwerde gegen Anordnungen des erkennenden Gerichts nach § 81 a StPO, unten Anm. 30.

Kennzeichnend ist aber z. B. auch die Argumentation bei *Krause*, V-Leute und die Verwertung ihrer Nachrichten im strafgerichtlichen Verfahren, Diss. Berlin 1969, S. 85 ff., 128 ff. Er führt aus, daß der Einsatz von V-Leuten zur Observation eines Verdächtigen eine Beeinträchtigung der grundrechtlich geschützten Privatsphäre darstellt (aaO, S. 87, 130), meint aber, die Aufgabennorm des § 163 StPO reiche als Ermächtigungsgrundlage aus, weil spezielle Eingriffsermächtigungen in der StPO nur bei „Zwangsbefugnissen" nötig seien (a.a.O., S. 130 f.). Der irreführende Begriff der „Zwangsbefugnis" wird hier dazu verwendet, den rechtsstaatlichen Grundsatz aufzuweichen, daß *jede* (nicht nur die mit Zwang verbundene) Grundrechtsbeeinträchtigung eine spezielle gesetzliche Eingriffsgrundlage haben muß und eine Aufgabennorm dafür nicht ausreicht. Vgl. zu diesem Grundsatz zuletzt *Bull*, Die Staatsaufgaben nach dem Grundgesetz (1973), S. 132 ff m. w. N.

[10] Gesetz v. 2. 3. 1974 (BGBl I S. 469).

[11] Vgl. die Gesetzesbegründung *BT-Drucksache* 7/550 S. 195/196 und 304.

2. Zur Charakterisierung strafprozessualer Grundrechtseingriffe

Handlungsfreiheit durch Art. 2 Abs. 1 GG geschützt ist[12], fällt dieser Nachweis aber nicht schwer. Bei Eingriffen in die körperliche Unversehrtheit (§ 81 a StPO), das Post- und Fernmeldegeheimnis, die Berufsausübung (§§ 132 a, 138 a ff. StPO) und die Wohnung sowie bei Beschlagnahmen und Freiheitsentziehungen werden bereits die speziellen Grundrechte in Art. 2 Abs. 2, 10, 12, 14 und 104 GG getroffen, bei den Ersatzmaßnahmen nach §§ 116/132 StPO kommt u. U. Art. 11 GG noch hinzu. Ein Rückgriff auf Art. 2 Abs. 1 GG ist nur beim vorläufigen Entzug der Fahrerlaubnis, den Eingriffen nach § 81 b StPO, körperlichen Untersuchungen und Durchsuchungen sowie beim Erlaß eines Steckbriefes nötig. Diese Handlungen betreffen das Grundrecht entweder in seiner Ausformung als allgemeine Handlungsfreiheit oder als allgemeines Persönlichkeitsrecht, zu dessen Begründung das Bundesverfassungsgericht Art. 2 Abs. 1 und 1 Abs. 1 GG zusammen heranzieht[13].

---

[12] BVerfG 6/32 (36 f.); krit. *Walter Schmidt* AöR 91 (1966) S. 42 f.; vgl. auch *Amelung*, Rechtsgüterschutz und Schutz der Gesellschaft (1972) S. 315 f. m. w. N.

[13] Für den hier in Betracht kommenden Bereich vgl. insbesondere *BVerfG* 32/373 (378 f.) — körperliche Intimsphäre — und *BVerfG* 35/202 (219 f.) — Recht am eigenen Bild —, s. ferner *BVerfG* 6/32 (41); 389 (433); 27/1 (6 f.); 344 (350 f.); 30/173 (193 f.); 34/238 (245 f.).

II. Rechtsschutz gegen
nicht erledigte Grundrechtseingriffe

1. Vom Richter angeordnete Grundrechtseingriffe

Wird ein strafprozessualer Grundrechtseingriff von einem *Richter* angeordnet, so steht dem Betroffenen gem. § 304 StPO hiergegen grundsätzlich das Rechtsmittel der Beschwerde zu. Gegen die Anstaltsunterbringung zur Untersuchung des Geisteszustandes ist die sofortige Beschwerde gegeben, die aufschiebende Wirkung hat (§ 81 Abs. 3 StPO). Das gleiche Rechtsmittel ist jetzt — ohne aufschiebende Wirkung — beim Ausschluß des Verteidigers vorgesehen (§ 138 d Abs. 6 StPO).

a) Beschwerde und Beschwer

Das Rechtsmittel ist zulässig, wenn der Beschwerdeführer durch die angegriffene Entscheidung *beschwert* ist[14]. Das ist bei der Beeinträchtigung eines Grundrechts stets der Fall[15]. In den Kommentaren wird die Beschwer freilich zuweilen als Beeinträchtigung der *Verfahrensstellung* des Beschwerdeführers beschrieben[16]. Hiernach könnte man zweifeln, ob bei Grundrechtseingriffen ohne Änderung der Verfahrenslage, insbesondere bei Eingriffen gegen unbeteiligte Dritte, eine Beschwerde zulässig ist[17]. Die ausschließliche Ausrichtung des Beschwerbegriffs an den Verfahrensrechten des Beschwerdeführers ist aber nur Ausfluß jener einseitig prozessualistischen Betrachtungsweise, die — wie eingangs er-

---

[14] Der Text geht mit *Bettermann* davon aus, daß im Beschwerderecht das *Bestehen* der Beschwer Zulässigkeitsvoraussetzung ist; vgl. *Bettermann*, Die Beschwer als Klagevoraussetzung (1970) S. 23 f. Nach *Eb. Schmidt* soll die *Behauptung* der (rechtswidrigen) Beschwer *Zulässigkeits*voraussetzung, das *Bestehen* der (rechtswidrigen) Beschwer dagegen eine Frage der Begründetheit sein; vgl. *Eb. Schmidt* Rdnr. 14 vor § 296 StPO, ebenso *Müller/Sax*, Anm. 3 vor § 296 StPO; *Henkel* (Anm. 7) S. 365 Anm. 1. Dagegen treffend *v. Löbbecke*, Begriff und Wesen der Beschwer im strafprozessualen Rechtsmittelverfahren, Diss. Mannheim 1972 S. 16 f.; *Ohndorf*, Die Beschwer und die Geltendmachung der Beschwer als Rechtsmittelvoraussetzung im deutschen Zivilprozeßrecht (1972) S. 41.

[15] Vgl. auch *Kleinknecht* § 304 Anm. 2; *Müller/Sax* Anm. 3 vor § 296 StPO.

[16] *Müller/Sax* Anm. 4a vor § 296 StPO (abw. aber Anm. 3 vor § 296 StPO); vgl. auch *Löwe/Rosenberg/Dünnebier* § 33a StPO Anm. 6 zum Begriff des „Nachteils" i. S. d. § 33 a StPO; dazu s. u. III 3 a.

[17] Vgl. dazu auch OLG Celle NJW 1973/863 f. = JR 1973/339 ff. m. krit. Anm. v. *Peters* JR 1973/341 f.

wähnt — bei strafprozessualen Grundrechtseingriffen in die Irre führt[18]. Aus § 305 S. 2 StPO ergibt sich deutlich, daß das Gesetz auch Belastungen rein materieller Rechtspositionen als Beschwer ansieht. Denn § 305 S. 2 StPO läßt gegen bestimmte Grundrechtseingriffe im Hauptverfahren die Beschwerde zu, weil diese Maßnahmen materiellrechtliche „Sofortwirkungen" entfalten, die mit dem Rechtsmittel gegen das Urteil nicht mehr beseitigt werden können[19].

b) Gesetzlicher Ausschluß der Beschwerde

Fälle, in denen das Gesetz die Beschwerde gegen Grundrechtseingriffe *ausschließt* (§ 304 Abs. 1 a. E. StPO) gibt es nur wenige. Zu erwähnen ist § 117 Abs. 2 S. 1 StPO, der die Beschwerde neben dem Antrag auf Haftprüfung für unzulässig erklärt, weil hier schon auf andere Weise Rechtsschutz erlangt werden kann. Neuerdings sind die §§ 161 a Abs. 3 S. 4/ 163 Abs. 3 S. 3 StPO hinzugekommen. Gegen die Entscheidung des Landgerichts über die Zulässigkeit von Zwangsmitteln, die die Staatsanwaltschaft zur Durchsetzung ihres neuen Ladungsrechts einsetzt, ist hiernach die Beschwerde ebenfalls ausgeschlossen. Schließlich läßt das Gesetz dieses Rechtsmittel auch gegen Maßnahmen nach §§ 176, 177 GVG nicht zu. Das ergibt sich im Umkehrschluß aus § 181 GVG, der die Beschwerde ausdrücklich nur gegen Ordnungsmittel, d. h. gegen repressive Sanktionen zuläßt, wie sie in § 178 GVG geregelt sind[20, 21]. Hier ergeben sich allerdings verfassungsrechtliche Probleme, auf die sogleich noch eingegangen werden wird[22].

Schwierigkeiten bereitet der *Ausschluß der Beschwerde gegen Entscheidungen des erkennenden Gerichts* nach § 305 S. 1 StPO. Der zweite Satz der Vorschrift schränkt diesen Ausschluß für eine Reihe von Grundrechtsbeeinträchtigungen wieder ein. Der Wortlaut der Bestimmung enthält jedoch schwer erklärbare Lücken. So läßt die Vorschrift die Beschwerde zwar gegen eine vom erkennenden Gericht verfügte Beschlagnahme, nicht aber gegen die Anordnung einer Haussuchung zu und auch der wichtige Eingriff nach § 81 a StPO wird nicht erwähnt.

Deshalb wird § 305 S. 2 StPO vielfach über seinen Wortlaut hinaus auf Grundrechtseingriffe angewendet, die dort nicht genannt sind[23]. Auf

---

[18] S. oben I 2 bei Anm. 6.
[19] S. dazu unten II 1 b bei Anm. 28.
[20] Zum Begriff der Ordnungsmittel vgl. *BT-Drucksache* 7/550 S. 195/196 und 304.
[21] H. M.; vgl. *Löwe/Rosenberg/Schäfer* § 177 GVG Anm. 9 m. w. N.; abw. *Baumbach/Lauterbach* 32. Aufl. (1974) § 177 GVG Anm. 2C; 33. Aufl. (1975) § 181 GVG Anm. 1.
[22] S. u. II 1c.
[23] *Eb. Schmidt* § 305 StPO Rdnr. 10; *Müller/Sax* § 305 StPO Anm. 36 b; *Löwe/ Rosenberg/Gollwitzer* § 305 StPO Anm. 4; *Kleinknecht* § 305 StPO Anm. 4 Vgl.

den ersten Blick erscheint das methodisch bedenklich, werden doch Aufzählungen, wie § 305 S. 2 StPO sie enthält, gewöhnlich als abschließend angesehen. Dennoch ist die Ausdehnung der Vorschrift legitim. Denn die Wortfassung des § 305 StPO ist mißglückt.

Wie sich aus den Materialien ergibt, wurde mit § 305 S. 1 StPO bezweckt, die Beschwerde nur bei solchen Entscheidungen auszuschließen, die der Vorbereitung des Urteils dienen *und mit ihm angefochten werden können*[24]. Eine Instanz sollte dem Betroffenen nicht genommen werden[25]. Diese Absichten haben in der Formulierung des § 305 S. 1 StPO keinen angemessenen Ausdruck gefunden[26]. Von der jetzt ganz herrschenden Auffassung wird § 305 S. 1 StPO daher im Sinne der Ziele des Gesetzgebers korrigiert[27]. Macht man mit dieser Korrektur aber ernst, so folgt aus ihr, daß § 305 S. 2 StPO nur deklaratorische Wirkung besitzt. Denn die dort genannten Entscheidungen könnten wegen der Einschränkungen, die die herrschende Lehre bei § 305 S. 1 StPO vornimmt, auch ohne diese Bestimmung mit der Beschwerde angegriffen werden. Weder die Entscheidungen, die dritte Personen betreffen, noch die in § 305 S. 2 StPO aufgeführten Grundrechtseingriffe sind mit den Rechtsmitteln gegen das Urteil zu korrigieren — letztere nicht, weil sie, wie erwähnt, schon vor Urteilserlaß Beeinträchtigungen der materiellen Rechtsstellung des Angeklagten nach sich ziehen, die durch die spätere Aufhebung des Urteils nicht mehr beseitigt werden können[28]. § 305 S. 2 StPO enthält also nur eine Klarstellung, die freilich ebenfalls mißglückt ist, weil sie nicht alle Entscheidungen des erkennenden Gerichts aufzählt, die nicht mit dem Urteil und deshalb mit der Beschwerde angefochten werden können. Unter diesen Umständen ist es gerechtfertigt, über den Wortlaut der Enumeration in § 305 S. 2 StPO hinauszugehen.

Die Tatsache, daß die Vorschrift jüngst geändert wurde[29], ohne daß der Gesetzgeber den Korrekturen der herrschenden Auffassung Rech-

---

auch *OLG Rostock* in *Alsberg* (Hrsg.), Die strafprozessualen Entscheidungen der Oberlandesgerichte Bd. 1 (1927) Nr. 252 für die Haussuchung und die unter Anm. 30 genannten Entscheidungen für die Eingriffe nach § 81a StPO.

[24] *Hahn*, Materialien zur Strafprozeßordnung Bd. 1 S. 247 f.
[25] *RGSt* 74/394 (395); *Löwe/Rosenberg/Gollwitzer* § 305 StPO Anm. 1.
[26] *Löwe/Rosenberg/Gollwitzer* § 305 Anm. 1.
[27] Grundlegend *RGSt* 67/310 (312); vgl. auch *RGSt* 48/386 f.; 74/394 (395); *OLG Hamburg* JZ 1969/241; *OLG Celle* NJW 1971/256; *Löwe/Rosenberg/Gollwitzer* § 305 StPO Anm. 1; *Eb. Schmidt* Bd. II § 305 StPO Rdnr. 5; *Müller/Sax* § 305 StPO Anm. 2; *Kleinknecht* § 305 StPO Anm. 3; abweichend noch *RGSt* 43/179 (182); *Gerland* (Anm. 7) S. 401.
[28] Vgl. auch *Kern/Roxin* (Anm. 7) S. 288. Irreführend ist es, wenn *Kleinknecht* § 305 StPO Anm. 3 und *Müller/Sax* § 305 StPO Anm. 2 die Eröffnung des Beschwerdeweges gegen Entscheidungen des erkennenden Gerichts allein von prozessualen Nebenwirkungen abhängig machen. Auch das ist ein Beispiel für die in der Einleitung erwähnte Vernachlässigung der Doppelfunktionalität von verfahrensbegleitenden Grundrechtseingriffen.
[29] S. dazu oben I 2 bei Anm. 10.

1. Vom Richter angeordnete Grundrechtseingriffe

nung trug, dürfte dem nicht entgegenstehen. Denn diese Änderung erfolgte nur beiläufig und aus vorwiegend technischem Anlaß (Vereinheitlichung des Sprachgebrauchs bei verfahrensrechtlichen Sanktionen, Berücksichtigung des neuen § 132 a StPO). Sie ist daher nicht als politische Entscheidung gegen die in Rechtsprechung und Lehre vorgenommene Ausdehnung des § 305 S. 2 StPO zu werten. § 305 StPO ist folglich so zu lesen, daß gegen alle Entscheidungen des erkennenden Gerichts, die bereits vor Erlaß des Urteils Grundrechte des Betroffenen beeinträchtigen, die Beschwerde zugelassen ist.

Von diesem Grundsatz aus erscheint die Rechtsprechung der Oberlandesgerichte zur *Zulässigkeit der Beschwerde gegen Entscheidungen des erkennenden Gerichts nach § 81a StPO* als unnötige und obendrein grundrechtsfeindliche Komplikation. Nach dieser Rechtsprechung ist gegen die Anordnung einer körperlichen Untersuchung die Beschwerde nur dann gegeben, wenn sie mit einer Freiheitsentziehung oder einer Beeinträchtigung der körperlichen Unversehrtheit verbunden ist[30]. Der Einbruch in die Intimsphäre allein soll also mit dem Rechtsmittel nicht abgewehrt werden können. Zur Begründung wird auf § 305 S. 1 StPO verwiesen, der Eingriffe des Beschwerdegerichts in die Beweiserhebung des erkennenden Gerichts verhindern solle und Ausnahmen von diesem Prinzip nur bei Grundrechtseingriffen zulasse, wie sie in § 305 S. 2 StPO aufgezählt sind[31]. Mit ihnen sei aber die körperliche Untersuchung nur vergleichbar, wenn mit ihr eine amtliche Verwahrung oder ein Eingriff in die körperliche Unversehrtheit verbunden sei[32].

Diese Argumentation überzeugt nicht. Schon der Zweck des § 305 S. 1 StPO wird in ihr verkürzt wiedergegeben. Die Vorschrift will nicht einfach Eingriffe des Beschwerdegerichts in die Verfahrensgestaltung durch den Vorderrichter verhindern, sondern will dies nur dann, wenn solche Eingriffe unnötig sind, weil die gerügten Fehler hinterher noch mit den Rechtsmitteln gegen das Urteil beseitigt werden können. Wie gezeigt ist das aber stets unmöglich, wenn eine Entscheidung des erkennenden Gerichts Wirkungen erzeugt, die sofort die materielle Rechtsstellung des Angeklagten beeinträchtigen. Ob diese Beeinträchtigungen mit den in § 305 S. 2 StPO aufgezählten vergleichbar sind oder nicht, ist unerheblich. Denn die Zulässigkeit der Beschwerde gegen Verfahrensentscheidungen mit solchen Wirkungen ergibt sich schon aus der korrigierenden Auslegung des § 305 S. 1 StPO, so daß die Rücksicht auf § 305 S. 2 StPO überflüssig ist.

---

[30] *OLG Schleswig* SchlHA 1961/24 f.; *OLG Düsseldorf* NJW 1964/2217 f.; *OLG Stuttgart* Justiz 1967/245 f.; *OLG Hamm* NJW 1970/1985 f.; NJW 1971/1903; *OLG Celle* NJW 1971/256; noch enger *OLG Braunschweig* GA 1965/345; weiter *BayObLG* NJW 1957/272.
[31] *OLG Stuttgart* Justiz 1967/245.
[32] *OLG Schleswig* SchlHA 1961/24 (25); *OLG Stuttgart* Justiz 1967/245.

Die materiellrechtlichen Wirkungen der Maßnahmen nach § 81 a StPO werden von den zitierten Gerichten allerdings gar nicht wahrgenommen. Sie übersehen, daß schon die körperliche Untersuchung als solche ein durch Art. 2 Abs. 1 i. V. m. 1 Abs. 1 GG geschütztes Grundrecht beeinträchtigt[33]. Deshalb ist sie unter dem Aspekt des Grundrechtseingriffs sogar mit den in § 305 S. 2 StPO genannten Entscheidungen vergleichbar. Und selbst wenn man wie das *OLG Schleswig* für die Vergleichbarkeit eine gewisse Schwere der Beeinträchtigung fordern würde[34], so wäre diese gegeben. Denn Handlungen, die dazu führen, daß Dritte von Fakten aus der körperlichen Intimsphäre Kenntnis erlangen, werden in unserer Rechtsordnung als mindestens so unerwünscht angesehen, wie die in § 305 S. 2 StPO erwähnte Beschlagnahme — ist doch der vorübergehende Entzug des Eigentums fast durchweg straffrei, während die vom Betroffenen nicht genehmigte Kundgabe von Fakten aus der körperlichen Intimsphäre in fast allen sozial relevanten Fällen strafrechtlich verboten ist[35]. Die besagte Rechtsprechung zur Beschwerde gegen Anordnungen des erkennenden Gerichts gem. § 81 a StPO ist also unhaltbar und zwar selbst dann, wenn man der Argumentation einige Schritte folgt, die an sich schon vom richtigen Wege abführen[36].

c) Der Ausschluß der Beschwerde und Art. 19 Abs. 4 GG

Wird im Bereich des § 305 StPO umfassender Grundrechtsschutz schon durch die zweckentsprechende Korrektur des einfachen Gesetzesrechts erreicht, so fragt sich in den übrigen Fällen des Ausschlusses der Beschwerde, ob hier nicht *die Verfassung* einer Verschließung des Rechtsweges entgegensteht, wenn Bürger die Beeinträchtigung von Grundrechten rügen.

Art. 19 Abs. 4 GG scheint auf den ersten Blick nicht einzugreifen. Denn nach herrschender Auffassung gibt diese Norm keinen Schutz gegen richterliche Entscheidungen[37]. Doch darf man den Grund dieser Einschränkung nicht aus dem Blick verlieren. Art. 19 Abs. 4 GG will den Zugang zum Richter als neutralen Dritten garantieren, wo der Bür-

---

[33] *Vgl. BVerfG* 32/373 (378 f.).
[34] *OLG Schleswig* Schl HA 1961/24 (25).
[35] Vgl. die eng umgrenzten Fälle der §§ 248 b und 290 StGB einerseits, die umfangreiche Liste der zur Geheimhaltung Verpflichteten in § 203 StGB andererseits.
[36] Im Ergebnis für unbeschränkte Zulassung der Beschwerde auch *BayObLG* NJW 1957/272; *Löwe/Rosenberg/Sarstedt*, § 81 a StPO, Anm. 10; *Dzendzalowski*, Die körperliche Untersuchung, Diss. Frankfurt 1969, S. 72.
[37] *BVerfG* 4/74 (94 f.); 4/205 (211 f.); 8/174; 11/232 (233); 11/263 (265); 15/275 (280); *Bettermann*, in Bettermann/Nipperdey/Scheuner (Hrsg.), Die Grundrechte III 2 S. 779 f. (790, 809 f.); *Maunz/Dürig/Herzog*, Art. 19 Abs. 4 GG, Rdnr. 45; einschränkend *Lorenz*, Der Rechtsschutz des Bürgers und die Rechtsweggarantie (1973), S. 244 f.; für eine umfassende Garantie der „zweiten Instanz" *Bauer*, Gerichtsschutz als Verfassungsgarantie (1972), S. 100 f.

ger sich mit einem am Grundrechtseingriff interessierten Organ öffentlicher Gewalt über die Berechtigung der Maßnahme streitet[38]; stammt die Entscheidung schon von einem Richter in der Rolle des neutralen Dritten, so läuft Art. 19 Abs. 4 GG also leer. Ist der Richter aber aus rechtlichen oder persönlichen Gründen selbst am Eingriff interessiert, so erfüllt Art. 19 Abs. 4 GG durchaus noch seinen Zweck und es entfällt jeder Anlaß, ihn nicht anzuwenden[39]. Denn der Sache nach ist die Einschränkung des Art. 19 Abs. 4 GG bei richterlichen Akten eine „teleologische Reduktion", die Fälle aus dem Anwendungsbereich ausscheidet, welche vom Wortlaut der Norm an sich erfaßt würden. Eine solche Einschränkung ist streng auf ihren Zweck zu begrenzen.

Beurteilt man den gesetzlichen Ausschluß der Bechwerde gegen richterliche Grundrechtseingriffe nach diesen Maßstäben, so ist die Regelung der §§ 161 a Abs. 3 S. 4/163 Abs. 3 S. 3 StPO verfassungsrechtlich sicher unbedenklich. Anders ist es jedoch im Fall der §§ 176/177 GVG. Denn hier handelt der Richter nicht als neutraler Dritter, sondern zum Schutz „seines" Verfahrens, ja u. U. seiner eigenen Person. Er ist also mindestens in gleicher Weise an der von ihm angeordneten Maßnahme interessiert wie jede Verwaltungsbehörde, die in Grundrechte eingreift. Eine Anwendung des Art. 19 Abs. 4 GG hat deshalb durchaus noch Sinn und auf den Umstand, daß ein Richter handelte, kann es nicht ankommen[40]. Der Ausschluß der Beschwerde in den Fällen des §§ 176/177 GVG ist also verfassungswidrig[41].

*d) Abgrenzungsfragen beim Rechtsschutz
gegen Maßnahmen zum Vollzug richterlicher Anordnungen*

Die Beschwerde richtet sich gegen die richterliche Anordnung, ergreift aber mit dieser mittelbar auch deren *Vollzug*, sofern die Vollziehung bereits eingeleitet wurde. Denn deren Grundlage entfällt, wenn die Anordnung aufgehoben wird.

Daß gem. § 36 Abs. 2 S. 1 n. F. (§ 36 Abs. 1 S. 1 a. F.) StPO die Vollstreckung in der Regel nicht vom Richter selbst, sondern von der Staatsanwaltschaft betrieben wird, ändert hieran nichts. Unrichtig oder in der

---

[38] *Vgl. dazu Lorenz* (Anm. 37), S. 241 f.
[39] Ähnlich *Lorenz* (Anm. 37), S. 244 f. für alle Bereiche richterlicher „Herrschaftsausübung".
[40] Anders *OLG Köln* NJW 1963/1508; für Anwendung des Art. 19 Abs. 4 GG dagegen auch *Hofmann*, Sitzungspolizei im Strafprozeß, Diss. Frankfurt 1971, S. 75 f.
[41] Abw. *OLG Köln* NJW 1963/1508 sowie im Ergebnis auch *OLG Nürnberg* MDR 1969/600; *OLG Hamm* NJW 1972/1246. Für § 177 GVG wie hier *Hofmann* (Anm. 40), S. 77; bei § 176 GVG will er dagegen die Anrufung des Gerichts nach § 238 Abs. 2 StPO genügen lassen, ebenso *Fuhrmann*, GA 1963/64 (71). Doch entspricht § 238 Abs. 2 StPO nicht den Anforderungen des Art. 19 Abs. 4 GG, weil der angegriffene Richter in diesem Fall mitentscheidet.

Formulierung jedenfalls irreführend ist die Behauptung, der Vollzug des vom Richter angeordneten Eingriffs sei nur mit einem Rechtsmittel anzugreifen, das sich gegen die vollstreckende Staatsanwaltschaft richte, wobei der Antrag nach § 23 EGGVG in Betracht komme[42]. Es ist ein allgemeiner Grundsatz des Vollstreckungsrechts, daß das Vollstrekkungsorgan nicht für die Rechtmäßigkeit der Vollstreckungsgrundlage einzustehen hat[43]. Dieser Grundsatz kommt gerade dort zum Tragen, wo das Vollstreckungsorgan von der Stelle, die den Titel erließ, organisatorisch unabhängig ist; man denke nur an den Vollzug des Verwaltungsaktes einer fremden Behörde durch die Polizei[44] oder an die Vollstreckung des Zivilurteils durch den Gerichtsvollzieher[45], der ein selbständiges Organ der Rechtspflege ist[46]. Deshalb ist die Tatsache, daß die Staatsanwaltschaft dem Gericht gegenüber eine organisationsrechtlich selbständige Position besitzt (§ 150 GVG) für die Rechtsschutzfrage grundsätzlich ohne Belang[47]. Will der Bürger den Vollzug eines Grundrechtseingriffes verhindern, weil dieser seiner Meinung nach gar nicht angeordnet werden durfte, so bleibt die anordnende Instanz, im vorliegenden Zusammenhang also der Richter, verantwortlich. Folglich muß der Betroffene auch gegen diesen und nicht gegen die vollstreckende Staatsanwaltschaft vorgehen, d. h. das Rechtsmittel gegen richterliche Maßnahmen wählen.

Anders wird es erst dann, wenn der Betroffene die *Art und Weise* der Vollstreckung moniert, also meint, das Vollzugsorgan habe die speziell für den Vollzug aufgestellten Normen verletzt[48]. In diesem, aber auch nur in diesem Fall, muß er sich gegen die vollstreckende Behörde wenden und den Rechtsweg beschreiten, der speziell gegen deren Handlungen gegeben ist[49]. Ein solcher Verstoß gegen spezielle Vollstreckungsnormen, der den Rechtsweg gegen die Vollstreckungsbehörde eröffnet, kann auch darin liegen, daß diese zur Durchsetzung des vom Richter angeordneten Eingriffs ohne rechtlichen Grund einen weiteren vornimmt, z. B. zur Durchsetzung einer richterlichen Anordnung nach § 81 StPO den Eingewiesenen rechtswidrigerweise vorführen läßt[50].

---
[42] *Kleinknecht*, § 36 StPO, Anm. 4; *Strubel/Sprenger* NJW 1972/1734 (1735); *Altenhain* JZ 1965/756 (758); *BayVerfGH* NJW 1969/229; *OLG Stuttgart* NJW 1972/2146.
[43] Grundlegend *Goldschmidt*, Ungerechtfertigter Vollstreckungsbetrieb (1910), S. 76 f. (78); vgl. auch *Rehbinder* GA 1963/33 (36 f.).
[44] Dazu *PrOVG* 36/434; *Drews/Wacke*, Allgemeines Polizeirecht (7. Aufl. 1961) S. 153 ff; *Forsthoff* Verwaltungsrecht (10. Aufl. 1973), S. 104 ff.
[45] Dazu *J. Blomeyer*, Rechtspfleger 1969/279 (280).
[46] *Stein/Jonas/Münzberg*, § 753 ZPO, Anm. 1.
[47] Anders aber *BayVerfGH* NJW 1969/229.
[48] Vgl. dazu *Goldschmidt* (Anm. 43) S. 78; *Blomeyer* (Anm. 45) S. 280.
[49] Ebenso *Löwe/Rosenberg/Schäfer*, § 23 EGGVG, Anm. 10 d.
[50] Beispielsfälle sind *OLG Koblenz* JVBl 1961/237; *BayVerfGH* NJW 1969/229, dem deshalb im Ergebnis, nicht aber in der Begründung zuzustimmen ist.

2. Grundrechtseingriffe der Staatsanwaltschaft

Die *Staatsanwaltschaft* ist eine Behörde, deren Tätigkeit in vollem Umfange der allgemeinen Rechtsschutzgarantie des Art. 19 Abs. 4 GG unterliegt[51]. Versuche, sie als justizförmig arbeitendes Rechtspflegeorgan aus dem Anwendungsbereich des Art. 19 Abs. 4 GG herauszunehmen[52], sind mit Recht zurückgewiesen worden[52a]. Solche Bestrebungen widersprechen in dem hier interessierenden Bereich schon der Einschätzung der Behörde durch ihren Schöpfer. Zwar wollte der Gesetzgeber der Strafprozeßordnung mit der Schaffung der Staatsanwaltschaft die Ermittlung einem rechtsförmig arbeitenden Organ anvertrauen, doch war er gleichwohl deutlich bemüht, Grundrechtseingriffe dieses Organs der Kontrolle durch einen unabhängigen Richter zu unterstellen[52b] — ob immer erfolgreich, wird zu untersuchen sein.

a) Der Rechtsweg nach §§ 23 ff. EGGVG

Da die Staatsanwaltschaft eine *Justizbehörde* ist, enthalten die §§ 23 ff. EGGVG die allgemeinste Regelung für den Rechtsschutz gegen ihre Grundrechtseingriffe. Wie erwähnt, ist dieser Rechtsweg nicht nur gegen solche Handlungen eröffnet, die die Staatsanwaltschaft aus eigener Initiative vornimmt, sondern auch gegen Maßnahmen zum Vollzug richterlicher Anordnungen, sofern damit eine zusätzliche, von der Anordnung des Richters nicht gedeckte Rechtsbeeinträchtigung verbunden ist. Hinzu kommen Maßnahmen, die die Polizei auf Grund staatsanwaltlicher Weisung nach § 162 S. 2 StPO oder § 152 Abs. 1 GVG ergreift.

aa) Der Antrag nach § 23 EGGVG kann sowohl gegen die Anordnung als auch gegen den realen Vollzug des Eingriffs gerichtet werden.

Die *Anordnung* ist ein (Justiz-)Verwaltungsakt. Sie konkretisiert die Pflicht des Betroffenen, den realen Vollzugsakt zu dulden und enthält damit eine unmittelbar verbindliche Regelung eines Einzelfalles[53]. Daß

---

[51] *Kern/Roxin* (Anm. 7) S. 44.
[52] *Kaiser* NJW 1961/200 (201); ders. NJW 1961/1102; *Eb. Schmidt* NJW 1963/1081 (1085 ff.).
[52a] *Kalsbach* (Anm. 6a) S. 5 ff.
[52b] Das betont für den Bereich der „Zwangsmaßnahmen" auch *Eb. Schmidt* (Anm. 52) S. 1086.
[53] Man muß allerdings davon ausgehen, daß diese Art von Justizverwaltungsakten im Gegensatz zu Verwaltungsakten der Verwaltungsbehörden bereits ohne Zustellung wirksam werden kann, weil solche Akte Anordnungen enthalten können, von denen der Betroffene gar nichts erfährt, z. B. die Anordnung einer Postbeschlagnahme (§ 100 Abs. 1 S. 1 StPO) oder einer Überwachung des Fernmeldeverkehrs (§ 100 b Abs. 1 S. 2 StPO). Vgl. zu den materiell-rechtlichen Unterschieden zwischen den Justizverwaltungsakten und den Verwaltungsakten der Verwaltungsbehörden auch *Fuß*, Festschrift für Wacke (1972) S. 305 (314 f, 319); *Krause*, Rechtsformen des Verwaltungshan-

die Anordnung daneben u. U. noch organisationsrechtliche Wirkungen in der Form einer Anweisung an die Polizei und verfahrensrechtliche Wirkungen in der Form einer Förderung des Strafverfahrens erzeugt, ändert an der Qualifikation als Justizverwaltungsakt nichts. Wie schon erwähnt, sind die verfahrensfördernden Grundrechtseingriffe „doppelfunktionelle" Prozeßhandlungen[54]. Dieses Etikett soll die Aufmerksamkeit darauf lenken, daß neben den verfahrensrechtlichen Wirkungen solcher Akte ihre materiellrechtliche Bedeutung nicht unter den Tisch gekehrt werden darf. Irreführend ist daher der Satz, „Prozeßhandlungen" der Staatsanwaltschaft könnten nicht im Wege der §§ 23 ff. EGGVG angefochten werden[55]. Denn die Anfechtbarkeit einer Maßnahme hängt nicht von ihrer Einordnung als Prozeßhandlung, sondern von der Frage ab, ob sie materielle Rechte beeinträchtigt oder nicht. Daran kann aber bei der Anordnung von Grundrechtseingriffen gar kein Zweifel bestehen[56].

Reale *Vollzugsmaßnahmen* sind dagegen keine Verwaltungsakte, jedenfalls nicht im materiellrechtlichen Sinne dieses Begriffs[57]. Sie enthalten keine Regelung, die eine Verhaltenspflicht des Betroffenen konkretisiert und damit auch keinen Titel für Rechtsbeeinträchtigungen durch die Staatsanwaltschaft, sondern sie dienen gerade der Realisierung eines solchen Titels. Über die Anwendung der §§ 23 ff. EGGVG ist damit jedoch noch nichts gesagt. Schon die Verwendung des farblosen Begriffs der „Maßnahme" in § 23 Abs. 1 EGGVG läßt daran zweifeln, ob ihm nur Verwaltungsakte im engen, materiellrechtlichen Sinne dieses Begriffes unterfallen sollten[58]. Selbst wenn man das aber im Hinblick auf den Wortlaut des § 23 Abs. 2 EGGVG annehmen würde, müßten die Regeln über den Rechtsweg gegen Justizverwaltungsakte auf reale Rechtsbeeinträchtigungen entsprechend angewendet werden. Denn anderenfalls bliebe eine mit Art. 19 Abs. 4 GG nicht zu vereinbarende Lücke[59] und gerade solche Lücken sollten durch § 23 EGGVG geschlossen werden.

---

delns (1974) S. 279. Der ganze Problembereich bedarf noch genauerer dogmatischer Durchdringung.

[54] s. oben I bei Anm. 5.

[55] So *Altenhain* DRiZ 1966/361; *ders.* JVBl 1968/1 (13); *ders.* DRiZ 1970/105; *Dieter Meyer* JuS 1971/294 (296); aus der Rechtsprechung vgl. etwa OLG Hamm JVBl 1966/118 f. (119); OLG Frankfurt JVBl 1966/117 ff.; OLG Stuttgart NJW 1972/2146. Krit. *Schenke*, Verw. Arch. 60 (1969)/332 (346 f.); *Strubel/Sprenger* NJW 1972/1734 f.; *Löwe/Rosenberg/Schäfer*, § 23 EGGVG Anm. 9a.

[56] Abzulehnen ist deshalb vor allem die Entscheidung des OLG Hamm JVBl 1966/118 f. (119), die gegen einen Vorführungsbefehl den Rechtsschutz gem. § 23 EGGVG verweigert.

[57] *Renck* JuS 1970/113 (114); *Krause*, Rechtsformen des Verwaltungshandelns (1974) S. 57; abw. BVerwG 26/161 f. (164).

[58] *Schenke* (Anm. 55) S. 346; vgl. auch VG Stuttgart NJW 1975/1294.

[59] *Schenke* (Anm. 55) S. 346.

2. Grundrechtseingriffe der Staatsanwaltschaft

bb) Man muß sich freilich darüber im klaren sein, daß der Rechtsweg gem. §§ 23 ff. EGGVG für den Bürger wenig vorteilhaft ist. Zwar trifft es nicht zu, wenn *Peters* behauptet, das angegangene Gericht dürfe nur eine revisionsähnliche Prüfung der Sache vornehmen[60]. Aus § 29 Abs. 2 EGGVG i. V. m. § 308 Abs. 2 StPO folgt vielmehr, daß das Gericht selbständig Fakten ermitteln kann[61]. Doch umgibt die Zuständigkeit des Oberlandesgerichts (§ 25 Abs. 1 EGGVG) den Rechtsschutz mit einem Hauch von Exklusivität, der dem niederen Alltagsgeschäft der Vornahme strafprozessualer Grundrechtseingriffe gänzlich unangemessen ist. Das Oberlandesgericht ist in aller Regel vom Tatort viel weiter entfernt als das Amts-, Land- oder Verwaltungsgericht und dadurch bei der Sachaufklärung behindert[62]. Vor allem aber ist es wegen dieser Entfernung vom Betroffenen nur unter beträchtlichem Aufwand zu erreichen. Das Durchschnittspublikum der Strafverfolgungsbehörden, von dem man ohnehin annimmt, daß es oft allzu früh resigniert[63], dürfte jenen Aufwand nur selten auf sich nehmen[64]. Deshalb kommt der Subsidiaritätsklausel des § 23 Abs. 3 EGGVG, mit der das Gesetz auf die Rechtswege der Strafprozeßordnung verweist, unter dem Gesichtspunkt der Sicherung effektiven Rechtsschutzes große Bedeutung zu.

b) *Sonderrechtswege nach der Strafprozeßordnung*

Allgemeine Bestimmungen über den gerichtlichen Rechtsschutz gegen verfahrensbegleitende Grundrechtseingriffe der Staatsanwaltschaft gibt es *in der Strafprozeßordnung* nicht. Davon war bereits eingangs die Rede. Das Gesetz regelt den Rechtsschutz vielmehr unsystematisch im Zusammenhang mit der jeweiligen Eingriffsnorm oder schweigt. Nur die erste Gruppe von Vorschriften kommt für den Ausschluß der §§ 23 ff. EGGVG in Betracht.

Sieht man die Eingriffsnormen, in denen die Strafprozeßordnung von richterlicher Tätigkeit redet, im Zusammenhang, so fällt eine bestimmte Regelungsstruktur ins Auge, die gerade für das Strafverfahrensrecht typisch ist. Einmal fordern diese Normen fast durchweg, daß der Richter bereits *vor* dem Eingriff aktiv werden soll[65]. Jedoch lassen die meisten

---

[60] JR 1972/300.
[61] Vgl. auch *BVerfG* 21/191 (195); *KG NJW* 1968/608; *Altenhain* DRiZ 1964/297 (302); *ders*. DRiZ 1970/105 (109).
[62] Vgl. dazu auch *KG NJW* 1968/608.
[63] Vgl. *Feest/Blankenburg*, Die Definitionsmacht der Polizei (1972) S. 45 f., 81 f.
[64] Vgl. dazu die bei *Rasehorn*, Recht und Klassen. Zur Klassenjustiz in der Bundesrepublik Deutschland (1974) S. 93 mitgeteilten Äußerungen von Unterschichtenangehörigen.
[65] §§ 81, 81a, 81c, 98, 100, 100b, 105, 111a, 111e, 114, 126a, 131 StPO; abw. §§ 161, 163a StPO. Die §§ 115/128 StPO müssen dagegen im Zusammenhang mit

II. Rechtsschutz gegen nicht erledigte Grundrechtseingriffe

eine Ausnahme zu und bestimmen, daß bei Gefahr im Verzuge die Ermittlungsbehörden selbständig handeln dürfen[66]. Nur ein Teil dieser Bestimmungen regelt aber die Frage, wie dann nachträglich Rechtsschutz gewährt werden soll[67].

Aus dieser Regelungsstruktur ergeben sich zwei Fragen. Einmal muß geklärt werden, ob die Normen, die eine nachträgliche Anrufung des Richters vorsehen, geeignet sind, die §§ 23 ff. EGGVG auszuschalten. (aa). Zum anderen gilt es zu untersuchen, wie dort zu verfahren ist, wo das Gesetz nur eine präventive Einschaltung des Richters vorsieht, dagegen offen läßt, wie nachträglich Rechtsschutz gefunden werden kann. (bb). Schließlich sind noch jene Mischfälle zu erörtern, wo das Gesetz nachträglich Rechtsschutz in der Form der richterlichen Bestätigung des Eingriffsaktes der Staatsanwaltschaft gewährt. (cc).

aa) *Nachträglich* kann der Betroffene nach der Strafprozeßordnung ein Gericht anrufen, wenn die Staatsanwaltschaft bei Gefahr im Verzuge anstelle des an sich dazu befugten Richters eine *Beschlagnahme* angeordnet hat (§§ 98 Abs. 2 S. 2, 100 Abs. 4, 111e Abs. 2, 132 Abs. 3 S. 2 StPO). Zuständig ist bis zur Erhebung der Anklage der Amtsrichter (§ 98 Abs. 2 S. 3 StPO), danach das mit dem Zwischen- oder Hauptverfahren befaßte Gericht[68].

Von *Schenke* wird bestritten, daß diese Vorschriften den Rechtsweg zum Oberlandesgericht gem. § 23 Abs. 3 EGGVG ausschalten[69]. Er meint, beide Rechtswege bestünden nebeneinander, weil sie unterschiedliche Verfahrensgegenstände besäßen. Während es in den §§ 23 ff. EGGVG um eine Rechtmäßigkeitskontrolle gehe, befinde der Richter in § 98 Abs. 2 S. 2 StPO nach seinem Ermessen darüber, ob die Beschlagnahme aufrecht zu erhalten sei oder nicht[70]. Diese Auffassung ist jedoch abzulehnen.

Für den Zeitraum bis zur Erhebung der Anklage scheitert sie schon an § 162 Abs. 2 StPO. Nach dieser Vorschrift hat der Amtsrichter die

---

den §§ 114/127 StPO gesehen werden und enthalten daher nur eine scheinbare Abweichung von dem allgemeinen Prinzip.

[66] §§ 81a Abs. 2, 81c Abs. 5, 98 Abs. 1, 100 Abs. 1, 100b Abs. 1, 105 Abs. 1, 111 e Abs. 1, 114 i. V. m. 127 Abs. 2 StPO.

[67] §§ 98 Abs. 2, 100 Abs. 4, 100b Abs. 1, 111e Abs. 2, 128, 132 Abs. 3 S. 2 StPO; keine entsprechende Regelung treffen dagegen die §§ 81a, 81c und 102 ff. StPO.

[68] *Müller/Sax* § 98 StPO Anm. 4.

[69] *Schenke* (Anm. 55) S. 347 ff.; ders. NJW 1975/1529 (1530); ebenso *Rietdorf* u. a., Ordnungs- und Polizeirecht in Nordrhein-Westfalen (2. Aufl. 1972) § 27 Pol. G. Rdnr. 4.

[70] Dies soll nach *Schenke* aaO S. 347 Anm. 78 in der Strafprozeßrechtslehre „allgemeine Meinung" sein. Er beruft sich dabei auf *Eb. Schmidt* § 98 StPO Erl. 5. Weder dort noch anderswo steht aber etwas von dem, was *Schenke* behauptet. Vgl. etwa *Kleinknecht* § 98 StPO Anm. 5 B; *Löwe/Rosenberg/Dünnebier* § 98 StPO Anm. III 2 b; *Müller/Sax* § 98 StPO Anm. 4.

2. Grundrechtseingriffe der Staatsanwaltschaft

Rechtmäßigkeit, nicht aber die Zweckmäßigkeit des Vorgehens der Ermittlungsbehörden zu überprüfen[71]. Der Wortlaut des § 162 Abs. 2 StPO erfaßt zwar nur Fälle, in denen der Richter auf Antrag der Staatsanwaltschaft tätig wird. Die Bestimmung muß aber auch dort gelten, wo der Richter zur nachträglichen Überprüfung einer Ermittlungshandlung angerufen wird. Denn § 162 Abs. 2 StPO ist lediglich Ausdruck des allgemeinen Grundsatzes, daß bis zur Erhebung der Anklage der Staatsanwalt und nicht der Amtsrichter Herr des Verfahrens ist.

Nach Erhebung der Anklage geht die Verfahrensherrschaft auf das nunmehr mit der Sache befaßte Gericht über. Daher schließt von diesem Zeitpunkt an § 162 StPO eine richterliche Ermessensentscheidung über den Fortbestand der Beschlagnahme nicht mehr aus. Doch erlischt auch nicht die Befugnis, der Behauptung nachzugehen, die Beschlagnahme müsse aufgehoben werden, weil sie rechtswidrig sei. Man muß das Gericht sogar für verpflichtet ansehen, auf einen entsprechenden Antrag erst einmal eine solche Untersuchung vorzunehmen, an der der Betroffene ja u. U. ein spezielles Interesse hat. Denn nur auf diese Weise läßt sich verhindern, daß die Staatsanwaltschaft die Erhebung der Anklage dazu verwenden kann, ihre Verfahrensstellung im Beschlagnahmeverfahren zu ihren eigenen Gunsten zu manipulieren. Ist nämlich, wie gezeigt, im Vorverfahren der Amtsrichter zur Kontrolle der Rechtmäßigkeit des Zwangsaktes zuständig und wäre dagegen das danach mit der Sache befaßte Gericht nicht mehr zu einer solchen Rechtmäßigkeitskontrolle verpflichtet, so böten in diesem späteren Stadium § 98 Abs. 2 S. 2 StPO keinen Rechtsschutz mehr, der die §§ 23 ff. EGGVG ersetzen könnte. Ihm würde — darin ist *Schenke* recht zu geben — die Gleichwertigkeit fehlen, weil der Bürger über § 98 Abs. 2 S. 2 StPO nicht alles erreichen könnte, was ihm der Antrag nach § 23 EGGVG ermöglicht. Folglich würde die Anklageerhebung der Staatsanwaltschaft die Gelegenheit bieten, die Rechtmäßigkeitskontrolle vom nahen Amtsrichter auf das ferne Oberlandesgericht statt auf das (fast) ebenso nahe Gericht erster Instanz zu verschieben. Damit könnte sie in faktischer Hinsicht ihre Verfahrensstellung einseitig auf Kosten des Bürgers verbessern. Das kann nicht rechtens sein. Auch nach Erhebung der Anklage ist § 98 Abs. 2 S. 2 StPO daher so auszulegen, daß er § 23 EGGVG ausschließt.

Hiergegen kann nicht ins Feld geführt werden, daß das Gericht nach herrschender Meinung berechtigt ist, eine rechtswidrige Beschlagnahme aufrechtzuerhalten[72] und einen rechtmäßig beschlagnahmten Gegenstand

---

[71] Vgl. auch *BGH Rechtspfleger* 1955/316 (317); *Müller/Sax* § 162 StPO Anm. 4. Irreführend *Löwe/Rosenberg/Kohlhaas*, § 162 StPO Anm. 10a, wo die Prüfung der Notwendigkeit und Angemessenheit eines Freiheitseingriffes, also die Prüfung von Rechtsfragen, als Ausübung richterlichen „Ermessens" bezeichnet wird.

[72] *Kleinknecht* § 98 StPO Anm. 5; *Löwe/Rosenberg/Dünnebier*, § 98 StPO Anm. III 2b; *Müller/Sax* § 98 StPO Anm. 3b; *Eb. Schmidt* § 98 StPO Erl. 5.

II. Rechtsschutz gegen nicht erledigte Grundrechtseingriffe

wegen nachträglicher Änderungen der Sach- und Rechtslage freizugeben[73]. Diese Befugnisse sind nicht Ausfluß richterlichen Ermessens[74]. Sie hängen vielmehr mit dem maßgeblichen Zeitpunkt für die rechtliche Beurteilung eines Hoheitsaktes mit Dauerwirkung zusammen. Die Strafprozeßrechtslehre neigt wie die Verwaltungsgerichtsbarkeit[75] dazu, die Rechtmäßigkeit solcher Akte ex nunc zu beurteilen[76]. Eine *ex-tunc*-Beurteilung, wie manche Verwaltungsprozessualisten sie fordern[77], wird den Interessen der Beteiligten jedoch weit besser gerecht. Hiernach ist eine ursprünglich fehlerhafte Beschlagnahme vom Richter aufzuheben[78] und gem. § 98 Abs. 1 StPO neu zu verfügen, wenn sie sich zum Entscheidungszeitpunkt als berechtigt erweist. Das ist kein leerer Formalismus, sondern ein Vorzug der ex-tunc-Beurteilung, denn wie schon erwähnt kann der Bürger ja an der Feststellung der anfänglichen Rechtswidrigkeit ein besonderes Interesse haben[79]. Entfallen dagegen die Beschlagnahmevoraussetzungen nachträglich, so führt dies ebenso wie nach herrschender Meinung zur Freigabe der Sache. Maßgeblich ist hierfür jedoch nicht der prozessuale Gesichtspunkt einer ex-nunc-Beurteilung, der unterdrückt, daß die Ermittlungsbehörde ursprünglich rechtmäßig handelte, sondern das Bestehen eines *materiellen* Freigabeanspruchs, der aus Art. 14 GG resultiert[80].

Eine neue Möglichkeit nachträglich Rechtsschutz gegen Grundrechtseingriffe der Staatsanwaltschaft zu suchen, eröffnen die Vorschriften des *Ersten Gesetzes zur Reform des Strafverfahrensrechts*[81] über die Pflicht

---
[73] *Eb. Schmidt* § 98 StPO Erl. 5.
[74] So aber *Schenke* (Anm. 55) S. 348.
[75] BVerwG 22/16 (19 f); 28/202 (203 f.).
[76] So deutlich *Müller/Sax* § 98 StPO Anm. 3b; *Löwe/Rosenberg/Dünnebier*, § 98 StPO Anm. III 3b.
[77] *Ule*, Verwaltungsprozeßrecht (6. Aufl. 1975) S. 237; *Kopp*, § 113 VwGO Anm. 5a m. w. N.
[78] Das gilt auch von Verfahrensfehlern, sofern diese wesentlich sind. Den häufig erörterten Fall, daß die Staatsanwaltschaft oder ihre Hilfsbeamten irrigerweise annehmen, es liege „Gefahr im Verzuge" i. S. d. § 98 Abs. 1 StPO vor, mag man als Beispiel für einen unwesentlichen Verfahrensfehler ansehen und deshalb die Beschlagnahme aufrechterhalten; so *BGH LM Nr. 1 zu § 104 StPO*. Dagegen ist es weder mit Art. 19 Abs. 4 GG noch mit längst erarbeiteten Unterscheidungen der Dogmatik des öffentlichen Rechts zu vereinbaren, wenn behauptet wird, die Annahme von „Gefahr im Verzuge" liege im „Ermessen" der Ermittlungsbehörden und können aus diesem Grunde vom Richter nicht überprüft werden. So aber *BGH JZ* 1962/609 (610) m. insoweit krit. Anm. von *Baumann JZ* 1962/611 (612); *OLG Stuttgart* NJW 1969/760 (761) unter Berufung auf *RGSt* 23/334 — Urt. v. 1. 12. 1892 (!) — m. krit. Anm. von *Hruschka* NJW 1969/1310.
[79] Dies übersehen *Müller/Sax und Löwe/Rosenberg/Dünnebier* (oben Anm. 76).
[80] Zur Bedeutung des materiellen Rechts bei nachträglichem Entfall der Gründe für den Erlaß des Hoheitsakts vgl. *Ule* (Anm. 77) aaO.
[81] Gesetz vom 9. 12. 1974 (BGBl I S. 3393).

2. Grundrechtseingriffe der Staatsanwaltschaft

der Zeugen, Sachverständigen und Beschuldigten, auf Ladung vor der Staatsanwaltschaft zu erscheinen (§§ 161 a/163 a StPO)[82]. Gegen die staatsanwaltlichen Maßnahmen zur Durchsetzung dieser Pflicht, insbesondere gegen die Vorführung, kann der Betroffene das Landgericht anrufen (§§ 161 a Abs. 3/163 a Abs. 3 S. 3 StPO). Der Amtsrichter ist vom Gesetzgeber übergangen worden, weil die Beschwerde gegen die Entscheidung des angerufenen Gerichts nicht zugelassen wird (§§ 161 a Abs. 3 S. 4, 163 a Abs. 3 S. 3 StPO). In der Begründung heißt es, angesichts der Kompliziertheit der zu beurteilenden Rechtsfragen, insbesondere im Bereich der Zeugnisverweigerungsrechte, und aus Gründen der Sicherung einheitlicher Beurteilungsmaßstäbe müsse eine Entscheidung, die als endgültige ausgestaltet sei, dem Landgericht anvertraut werden[83].

Daß der Gesetzgeber bei seinen Bemühungen um die Vereinheitlichung der Entscheidung erfolgreich war, wird man freilich bezweifeln müssen. Diese Zweifel ergeben sich daraus, daß der Rechtsweg zum Landgericht nicht gegen die Vorladung selbst, sondern nur gegen Maßnahmen zu ihrer Durchsetzung eröffnet worden ist. Auch gegen die staatsanwaltliche Vorladung als solche muß aber Rechtsschutz gewährt werden. Denn diese konkretisiert die abstrakte Pflicht zum Erscheinen für den Betroffenen, enthält also eine verbindliche Regelung eines Einzelfalls, die das Grundrecht des Bürgers aus Art. 2 Abs. 2 S. 2, 104 Abs. 1 S. 1 GG unmittelbar berührt[84]. Somit ist die Vorladung als (Justiz-)Verwaltungsakt zu qualifizieren. Beim vergleichbaren Fall der mit Zwangsmitteln bewehrten Vorladungsbefugnis der Polizei ist das auch allgemein anerkannt[85]. Da die Strafprozeßordnung gegen die Vorladung selbst aber einen Rechtsweg nicht eröffnet, greifen gegen sie die §§ 23 ff. EGGVG ein. Dadurch kommt es hier zu einer Rechtswegspaltung, deren Sinn schwer einzusehen ist.

bb) Zu den Bestimmungen, die eine präventive Einschaltung des Richters vorsehen, aber *offen lassen, wie der Betroffene nachträglich Rechtsschutz findet*, wenn der Staatsanwalt von seiner Notzuständigkeit Gebrauch macht, gehören die Vorschriften über die *körperliche Untersuchung, die körperliche Durchsuchung und die Wohnungsdurchsuchung* (§§ 81 a Abs. 2, 81 c Abs. 5, 105 Abs. 1 StPO). Die Strafprozeßrechtslehre wendet hier § 98 Abs. 2 S. 2 StPO vielfach entsprechend an, weil die Regelung der Beschlagnahme in ihrer Grundstruktur den aufgezählten Eingriffsnormen ähnelt[96].

---

[82] Dazu *Lampe*, NJW 1975/195 f. (198 f.); *Enzian* JR 1975/277.
[83] *BT-Drucksache* 7/551 S. 71 f. (73 f.).
[84] *Ule/Rasch*, Allgemeines Polizei- und Ordnungsrecht (1965) S. 81 f. für die polizeiliche Vorladung.
[85] *Drews/Wacke* (Anm. 44) S. 185; *Ule/Rasch* (Anm. 84) a.a.O.; *Götz*, Allgemeines Polizei- und Ordnungsrecht (3. Aufl. 1975) S. 155.

II. Rechtsschutz gegen nicht erledigte Grundrechtseingriffe

Genzel hat dem für den Fall der körperlichen Untersuchung nach § 81a StPO widersprochen[87]. Er meint, § 98 Abs. 2 S. 2 StPO könne hier seinen Zweck gar nicht erfüllen. Beim Rechtsschutz gegen eine Beschlagnahme gehe es darum, einen Richter entscheiden zu lassen, ob die Belastung des Betroffenen durch einen Hoheitsakt mit Dauerwirkung auch in Zukunft fortbestehen solle. Bei einer körperlichen Untersuchung stelle sich dieses Problem jedoch nicht, weil mit ihr keine in die Zukunft wirkende Dauerbelastung verbunden sei.

Dieser Hinweis auf die fortdauernden Folgen einer Beschlagnahme dürfte in der Tat erklären, weshalb der Gesetzgeber den nachträglichen Rechtsschutz hier ausdrücklich regelte, bei den §§ 81 a, 81 c und 102 ff. StPO dagegen von einer entsprechenden Bestimmung absah, obgleich die Ausgestaltung der hier aufgezählten Eingriffsbefugnisse sonst die gleiche Grundstruktur aufweist. Jene Dauerbelastung brachte es offenbar mit sich, daß die Schutzbedürftigkeit des Betroffenen dem Gesetzgeber schon lange vor Einführung des Art. 19 Abs. 4 GG zum Bewußtsein kam. Denn § 98 Abs. 2 S. 2 StPO ist bereits seit Anbeginn in der Strafprozeßordnung enthalten.

Der Ausschluß vergleichbaren Rechtsschutzes bei den §§ 81 a, 81 c und 102 ff. StPO ist damit jedoch noch nicht erwiesen. Eine Besinnung auf den Zweck der richterlichen Anordnungsbefugnis, die diese Normen ja immerhin enthalten, weist vielmehr auf das Gegenteil. Diese Befugnis, die — wie schon erwähnt — weithin für die strafprozessualen Eingriffsregelungen typisch ist, erscheint heute als spezieller Tribut des Strafverfahrensrechts an Art. 19 Abs. 4 GG. Strafprozessuale Grundrechtseingriffe müssen meist überraschend erfolgen. Die Überraschung nimmt dem Betroffenen aber die Möglichkeit, sich rechtzeitig gegen den Eingriff zu wehren, wie dies die Verfassung normalerweise fordert. Deshalb wird der Richter, in der Regel der Amtsrichter (§ 162 StPO), schon in das Anordnungsverfahren eingeschaltet, um als neutraler Dritter den Bürger präventiv gegen rechtswidrige Handlungen der Ermittlungsbehörden zu schützen[88]. Die Anordnungsbefugnis des Richters dient mithin der Kontrolle der Staatsanwaltschaft i. S. d. Art. 19 Abs. 4 GG[89]. Dem

---

[86] *Kleinknecht*, § 81a StPO Anm. 12; § 81c StPO Anm. 10; § 105 StPO Anm. 9; *Löwe/Rosenberg/Dünnebier*, § 105 StPO Anm. 7a; *Altenhain*, DRiZ 1970/105 (106); *Peters*, JR 1972/300; *Welp*, Die strafprozessuale Überwachung des Post- und Fernmeldeverkehrs (1974) S. 115; vgl. auch KG JR 1972/297 (298).

[87] *Genzel*, NJW 1969/1562 (1565); für die Anwendung von § 23 EGGVG auch *BayVerfGH* NJW 1969/229 (körperliche Untersuchung); *KG* JR 1972/297 (Haussuchung); *OLG Stuttgart* NJW 1972/2146 (Haussuchung).

[88] *Welp* (Anm. 86) S. 92; *Amelung*, ZZP 88 (1975) S. 74 f (79).

[89] Zum Zusammenhang zwischen präventivem richterlichen Rechtsschutz und Art. 19 Abs. 4 GG vgl. auch *Lorenz*, Der Rechtsschutz des Bürgers und die Rechtsweggarantie (1973) S. 138 f m.w.N.
Dieser Zusammenhang wird dagegen verdunkelt, wenn man mit *Kern/Roxin* (Anm. 7), S. 51 ff. und *Kleinknecht* § 162 StPO Anm. 1 die Tätigkeit des

2. Grundrechtseingriffe der Staatsanwaltschaft

Sinn einer solchen Kontrolle würde es aber widersprechen, wenn im Falle der §§ 81 a, 81 c und 102 ff. StPO die Staatsanwaltschaft ihre Notzuständigkeit dazu ausnutzen könnte, sich der Überwachung durch den an sich zuständigen Amtsrichter zu entziehen. Denn der Übergang der richterlichen Kontrolle auf das ferne, vom Betroffenen schwer zu erreichende Oberlandesgericht würde die Verfahrensstellung der Staatsanwaltschaft faktisch erheblich verbessern. Würde diese Verbesserung mit der Wahrnehmung der Notzuständigkeit verkoppelt, so lüde das die Ermittlungsbehörden zum Mißbrauch ihrer Kompetenzen förmlich ein[90].

Hinzu käme ein Wertungswiderspruch. Das zeigt ein Vergleich mit jenen Sonderfällen, in denen eine Überraschung des Bürgers durch Eingriffe der hier erörterten Art ausnahmsweise nicht notwendig erscheint. In solchen Fällen hat der (Amts-)Richter gemäß § 33 a Abs. 3 StPO den Betroffenen zu hören[91]: Kann aber schon dort, wo ein Richter als neutrale Instanz über eine Grundrechtsbeeinträchtigung entscheidet, der Betroffene das nahe Amtsgericht erreichen, so wäre es absurd, in jenen Fällen, in denen er sich gegen die am Eingriff interessierte Behörde wenden muß, den Rechtsschutz durch die Eröffnung des Rechtsweges zum Oberlandesgericht zu erschweren.

Solche Unzuträglichkeiten vermeidet man bei einer analogen Anwendung des § 98 Abs. 2 StPO auf die §§ 81 a, 81 c und 102 ff. StPO. Dieser Analogie kann man allerdings nur im Ergebnis, nicht auch in der Begründung zustimmen. Denn der Grund dafür, daß die genannten Normen im Bereich des nachträglichen Rechtsschutzes ergänzungsbedürftig

---

Ermittlungsrichters pauschal als „materielle Verwaltung" bezeichnet. Damit werden die in BVerfG 31/43 ff aufgestellten Thesen unangemessen verallgemeinert. In der genannten Entscheidung ging es um die Einordnung richterlicher Vernehmungen. Von hier aus kann man nicht einfach auf die Einordnung richterlicher Tätigkeiten schließen, die unmittelbar dem Schutz von Freiheitsrechten dienen. Wie die Art. 13 Abs. 2 und 104 Abs. 2 GG zeigen, betrachtet das Grundgesetz diese Tätigkeiten funktional als Rechtsprechung, sonst würde es dort den (präventiven) Grundrechtsschutz nicht einem „Richter" (Art. 92 GG) anvertrauen. Nach *Bender* ZRP 1974/235 ff ist es in der parlamentarischen Demokratie geradezu *die* Aufgabe der rechtsprechenden Gewalt, die bürgerlichen Freiheiten zu sichern, weil in einem solchen Verfassungssystem die Parlamentsmehrheit mit der politischen Spitze der Exekutive verflochten ist und diese daher nicht mehr kontrolliert. Zu Recht wird daher von *Löwe/Rosenberg/Kohlhaas* § 162 Anm. 10 und *Eb. Schmidt* Rdnr. 6 vor § 158 StPO zwischen freiheitsschützenden und sonstigen Tätigkeiten des Ermittlungsrichters unterschieden.
Das Problem ist von Bedeutung für die Frage, in welchem Umfang dem Ermittlungsrichter Aufgaben entzogen und auf die Ermittlungsbehörden oder den Rechtspfleger übertragen werden dürfen. Vgl. dazu auch die Diskussion über die Handhabung des § 761 ZPO (richterliche Anordnung nächtlicher Vollstreckungshandlungen) bei *Oberthür* NJW 1963/2112 (2113); *Henze*, Rechtspfleger 1971/10 (11) und *Biede*, NJW 1974/89.

[90] Vgl. auch *Peters* JR 1972/300 (301).
[91] *Löwe/Rosenberg/Dünnebier* § 33 StPO Anm. IV 1.

erscheinen, ist nicht die Wertung des § 98 Abs. 2 StPO, sondern das Grundgesetz. Die richterliche Präventivkontrolle nach den §§ 81 a Abs. 2, 81 c Abs. 5 und 105 Abs. 1 StPO dient den Zwecken des Art. 19 Abs. 4 GG, doch fordert diese Verfassungsnorm darüber hinaus *heute* auch nachträglichen Rechtsschutz. Erst dadurch entsteht die Frage, wem man diesen Rechtsschutz anvertrauen soll und die Notwendigkeit, hierauf eine Antwort zu finden, die die vorbeugende Überwachung der Ermittlungsbehörden nicht gefährdet. Die Eröffnung des Rechtsweges zu jenem Richter, der auch mit der Anordnung des Eingriffs betraut ist, beruht also auf dem Zusammenspiel einer neu an die Strafprozeßordnung herangetragenen Wertung mit der Sachlogik der ergänzten Normen. Das wird durch eine voreilige Berufung auf das Beschlagnahmerecht verschleiert.

Erst wo es um die technische Umsetzung der neuen Wertvorstellung geht, ist es sinnvoll, auf § 98 Abs. 2 StPO zurückzugreifen. Denn die Vorschrift zeigt, daß der zur Anordnung eines Eingriffes befugte (Amts-) Richter bis zur Anklageerhebung grundsätzlich auch die Befugnis zur Aufhebung von Hoheitsakten besitzt, die wegen Gefahr im Verzuge ohne seine Mitwirkung zustandekamen.

Die Einwände *Genzels* sind also im Ergebnis zurückzuweisen. Zuzugeben bleibt ihm nur, daß in den Fällen der §§ 81 a und c, 102 ff. StPO der aktuelle Eingriff meist schon abgeschlossen ist, bevor der Betroffene den Richter erreichen kann. Ob deshalb freilich das Rechtsschutzinteresse entfällt, wie er meint[92], wird bei der Behandlung des Rechtsschutzes gegen erledigte Grundrechtseingriffe noch zu erörtern sein[93].

cc) Dem Rechtsschutz des Bürgers dienen schließlich auch jene Vorschriften der Strafprozeßordnung, die die Staatsanwaltschaft verpflichten, sich den Eingriff *vom Richter bestätigen zu lassen,* wenn sie wegen Gefahr im Verzuge an dessen Stelle handelte. Beispiele finden sich bei der Postbeschlagnahme (§ 100 Abs. 4 S. 1 n. F. StPO), der Telefonüberwachung (§ 100 b Abs. 1 S. 3 StPO) und der Festnahme (§ 128 StPO)[94]. Die Pflicht der Ermittlungsbehörden, den Richter nachträglich einzuschalten, beruht hier darauf, daß der Bürger keine Gelegenheit hat, sich selbst zu schützen.

Vollen Ersatz für die Anrufung des Richters durch den Bürger bietet die richterliche Bestätigung nur dort, wo das rechtliche Gehör des Betroffenen gesichert ist. Dies ist gem. § 128 StPO zwar bei der Festnahme der Fall, nicht aber bei der Postbeschlagnahme und beim Eingriff in das Fernmeldegeheimnis. Bei der Postbeschlagnahme ist deshalb aus-

---

[92] *Genzel* (Anm. 87) S. 1565.
[93] S. dazu unten III B 2 b.
[94] Hinzuzuzählen wäre noch der Fall des § 98 Abs. 2 S. 1 StPO, der aber nur eine Soll-Vorschrift enthält.

2. Grundrechtseingriffe der Staatsanwaltschaft

drücklich vorgesehen, daß der Bürger auch nachträglich um richterlichen Rechtsschutz nachsuchen kann (§ 100 Abs. 4 S. 1 StPO). Beim Eingriff in das Fernmeldegeheimnis muß entsprechendes gelten. Denn auch hier besteht nur eine Notzuständigkeit des Staatsanwaltes (§ 100 b Abs. 1 S. 2 StPO), so daß alles, was bei den §§ 81 a, 81 c und 102 ff. StPO gesagt wurde, auch hier zu gelten hat.

Im Ergebnis ist daher auch bei der Festnahme, der Telefonüberwachung und der Postbeschlagnahme der Rechtsweg nach den §§ 23 ff. EGGVG ausgeschlossen.

c) Die für den Rechtsschutz nach §§ 23 ff. EGGVG verbleibenden Eingriffe

Eine völlig *eigenständige Eingriffsbefugnis* besitzt die Staatsanwaltschaft in den Fällen der §§ 81 b, 131, 164 und 457 StPO. Sie kann hier jederzeit gegen den Bürger vorgehen, ohne vorher den (Amts-)Richter befragen zu müssen. Da eine richterliche Präventivkontrolle nicht vorgesehen ist, entfällt bei der Beurteilung des nachträglichen Rechtsschutzes der Gesichtspunkt, daß die Staatsanwaltschaft die Wahrnehmung einer (Not-)Zuständigkeit nicht soll dazu benutzen dürfen, ihre Stellung gegenüber dem richterlichen Kontrollorgan zu verbessern. Hat ein Staatsanwalt also Identifizierungsmaßnahmen für die Durchführung des Strafverfahrens (§ 81 b 1. Alt. StPO)[95], den Aushang eines Steckbriefes (§ 131 StPO) oder die Festnahme eines Störers seiner Amtshandlungen (§ 164 StPO) veranlaßt oder hat er einen Vollstreckungshaftbefehl (§ 457 StPO) erlassen, so gelten mangels einer strafprozessualen Rechtsschutzregelung die §§ 23 ff. EGGVG[96].

Die Aufzählung der Maßnahmen, gegen die Rechtsschutz nur nach den §§ 23 ff. EGGVG zu erlangen ist, zerstört gewisse Illusionen über die richterliche Kontrolle der Ermittlungsbehörden nach dem Konzept der Strafprozeßordnung. Denn diese bemüht sich zwar bei den meisten, aber *nicht bei allen* Grundrechtseingriffen der Ermittlungsbehörden um eine richterliche Überwachung. Entgegen der Auffassung *Eberhard Schmidts*[96a] war unter der Geltung des Art. 19 Abs. 4 GG deshalb selbst

---

[95] Erfolgen solche Maßnahmen dagegen zu erkennungsdienstlichen Zwecken (§ 81 b 2. Alt. StPO), so fallen sie nicht in die Zuständigkeit der Staatsanwaltschaft; vgl. *Kleinknecht* § 81 b StPO Anm. 3 A. Nach h. M. sind sie gar keine spezifisch strafprozessualen Maßnahmen; vgl. BVerwG 11/181 ff (182); 26/169 f. (170); BVerfG 16/89 (94); *Götz*, (Anm. 85) S. 159 f.; krit. *Fuß*, (Anm. 53) S. 317 f. Wegen ihres polizeirechtlichen Charakters richtet sich der Rechtsschutz daher nach den §§ 40 ff VwGO.
[96] Ebenso für § 81b 1. Alt. StPO: *Löwe/Rosenberg/Sarstedt* § 81 b StPO Anm. 8a; für § 457 StPO: OLG Hamm NJW 1968/169; *Löwe/Rosenberg/Schäfer* § 457 StPO Anm. IV; § 458 StPO Anm. 1c. Von *Geerds*, Festschrift f. Maurach (1972) S. 517 f. (525 f.) wird dagegen für § 164 StPO die Möglichkeit des Rechtsschutzes gem. § 23 EGGVG übersehen.
[96a] *Eb. Schmidt* (Anm. 52) S. 1086.

II. Rechtsschutz gegen nicht erledigte Grundrechtseingriffe

in diesem Bereich eine Ergänzung des Gesetzes durch die §§ 23 ff. EGGVG unerläßlich.

3. Grundrechtseingriffe der Polizei

Ist die Regelung des Rechtsschutzes gegen strafprozessuale Grundrechtseingriffe der Staatsanwaltschaft schon sehr unübersichtlich, so treten weitere Komplikationen hinzu, wo die *Polizei aus eigener Initiative* Strafverfolgungsmaßnahmen ergriff. Diese Komplikationen ergeben sich aus der Streitfrage, ob hier — von strafverfahrensrechtlichen Sonderregelungen abgesehen — gem. §§ 23 ff. EGGVG der Rechtsweg zum Oberlandesgericht eröffnet ist[97] oder ob in diesem Falle nicht die §§ 40 ff. VwGO Anwendung finden müssen[98].

Im Mittelpunkt dieses Streites steht die Auslegung des Begriffes der „Justizbehörde" in § 23 Abs. 1 EGGVG. Versteht man darunter eine Justizbehörde „im organisatorischen Sinn", so schließt das die Anrufung des Oberlandesgerichts gegen Strafverfolgungsmaßnahmen der Polizei aus; lediglich bei Handlungen von Hilfsbeamten der Staatsanwaltschaft (152 GVG) wäre von diesem Standpunkt aus u. U. anders zu entscheiden[99]. Versteht man dagegen den Begriff der Justizbehörde im „funktionellen Sinn", so entscheidet über den Rechtsweg die Art der polizeilichen Tätigkeit mit der Folge, daß gegen Handlungen der Polizei auf dem Gebiet des Strafverfahrens die §§ 23 ff. EGGVG anzuwenden sind.

Der Vorzug ist mit der jetzt herrschenden Ansicht der zuletzt genannten Auslegung zu geben. Die Argumente, auf denen diese Interpretation beruht, sind an anderer Stelle bereits ausführlich dargelegt worden[100]. Sie brauchen daher hier nur kurz wiederholt zu werden.

Für die „funktionelle" Interpretation des Begriffs der Justizbehörde in § 23 EGGVG sprechen einmal historische Gründe. Die §§ 23 ff. EGGVG sollten die Schwierigkeiten beseitigen, die in den fünfziger Jahren daraus entstanden waren, daß Maßnahmen auf dem Gebiet des

---

[97] So insbesondere *Schenke* Anm. 55) S. 338 f.; *ders.*, (Anm. 69) S. 1529 f.; *Dieter Meyer* (Anm. 55) S. 295 f., *Goergen*, Die organisationsrechtliche Stellung der Staatsanwaltschaft zu ihren Hilfsbeamten und zur Polizei (1973) S. 151 f (155 f.), jeweils m. w. N. Aus der Rechtsprechung vgl. *VG Freiburg*, DVBl 1965/575 m. zust. Anm. v. *Finkelnburg; BayVGH* BayVBl. 1967/97 m. krit. Anm. v. *Samper; OVG Hamburg* DVBl. 1971/283 f.; *BVerwG* JZ 1975 523 f. m. Anm. v. *Amelung*.
[98] So insbesondere *Götz* (Anm. 82) S. 165 f. m.w.N. S. 166; v. *Feldmann*, VerwArch 62 (1971) S. 169 ff m. krit. Entgegnung von *Schenke*, VerwArch 62 (1971) S. 176 ff. Vgl. auch *OVG Berlin* NJW 1971/37 = DVBl 1971/279; *Markworth* DVBl 1975/575 ff.
[99] Vgl. dazu *Altenhain*, Die Polizei 1963/18 (19); *Götz*, (Anm. 85). S. 165.
[100] Grundlegend *Schenke* (Anm. 55) S. 338 f.; vgl. ferner *Dieter Meyer* (Anm. 97) S. 295 f.; *Amelung*, JZ 1975/526 f.

3. Grundrechtseingriffe der Polizei

Justizrechts — also auch solche der Polizei — aus der Zuständigkeit der Verwaltungsgerichte ausgenommen waren, obgleich Art. 19 Abs. 4 GG auch hier vielfach Rechtsschutz forderte[101]. Das legt die Annahme nahe, daß die Tätigkeit der Polizei auf dem Gebiet des Strafverfahrensrechts von den §§ 23 ff. EGGVG mit umfaßt werden sollte. Aber auch der Konzeption der Strafprozeßordnung entspricht es, sich beim Rechtsschutz an der Tätigkeit der Polizei und nicht allein an ihrer organisatorischen Stellung im Staatsgefüge zu orientieren. Denn nach den Vorstellungen des Gesetzgebers von 1877 agiert die Polizei bei der Strafverfolgung als Dienerin der Justiz („police judiciaire")[102], d.h. in einer Rolle, die von ihrer administrativen Tätigkeit streng getrennt werden sollte[103] und auch im Bereich des Rechtsschutzes eine Sonderbehandlung erfuhr[104].

Hinzu treten praktische Gesichtspunkte. Wichtig ist hier vor allem, daß bei einer „funktionellen" Interpretation des Begriffs der „Justizbehörde" die Akte der Staatsanwaltschaft und der Polizei einheitlich nach den §§ 23 ff. EGGVG behandelt werden. Der Rechtsweg hängt also nicht davon ab, ob die Staatsanwaltschaft die Polizei gem. § 161 S. 2 StPO anwies oder ob diese selbständig handelte. Dadurch wird die Rechtswegfrage von Umständen gelöst, die für den Außenstehenden kaum erkennbar sind[105] und zudem von den Ermittlungsbehörden manipuliert werden könnten[106]. Daneben spricht der Gesichtspunkt der größeren Sachnähe der ordentlichen Gerichte, der für die Regelung der §§ 23 ff. EGGVG mitbestimmend war[107], für die jetzt herrschende Auffassung[108]. Denn beim Rechtsschutz gegen die Staatsanwaltschaft und bei vielen Klageerzwingungsverfahren haben die Strafsenate der Oberlandesgerichte (§ 25 Abs. 1 EGGVG) ohnehin schon mit den Eingriffsnormen zu tun, die beim Rechtsschutz gegen Strafverfolgungsmaßnahmen der Polizei angewendet werden müssen.

Für die Gegenmeinung ist vor allem die Überlegung maßgebend, daß der Rechtsschutz nach den §§ 23 ff. EGGVG erheblich schwächer ausgestaltet ist als in der Verwaltungsgerichtsordnung[109]. Das läßt sich in der Tat kaum bestreiten. Von den Erschwernissen, die allein durch die Zu-

---

[101] Vgl. dazu *Tietgen* NJW 1956/1129 ff.; *Ruscheweyh* DVBl 1958/686 ff.; *BVerwG* 2/302 (303); *VG Berlin* NJW 1955/964 (965).
[102] *Hahn*, Materialien zum GVG Bd. 1 S. 152 ff.
[103] *Goergen*, Die organisationsrechtliche Stellung der Staatsanwaltschaft zu ihren Hilfsbeamten und zur Polizei (1973) S. 48 ff. m.w.N.
[104] Vgl. etwa die §§ 78 ff (85) des *Preußischen Ausführungsgesetzes zum GVG* vom 24. 4. 1878 sowie PrOVG 26/386 ff.
[105] *Schenke* (Anm. 55) S. 339 f.; *Dieter Meyer* (Anm. 55) S. 296.
[106] *OLG Hamburg* NJW 1970/1699 (1700).
[107] Vgl. die Gesetzesbegründung *BT-Drucksache* III/55 S. 61.
[108] *BVerwG* JZ 1975/523 (525).
[109] *Götz*, (Anm. 85) S. 166.

ständigkeit des fernen Oberlandesgerichts entstehen, war schon die Rede[110]. Weiter erwähnen die §§ 23 ff. EGGVG weder die allgemeine Leistungsklage (§ 43 Abs. 2 VwGO) noch die Feststellungsklage (§ 43 Abs. 1 VwGO), es fehlen Vorschriften über den einstweiligen Rechtsschutz (§§ 80, 123 VwGO) und eine mündliche Verhandlung (§ 101 VwGO) ist nicht vorgeschrieben[111]. Schließlich hat der *Bundesgerichtshof* neuerdings sogar entschieden, daß die Einmonatsfrist des § 26 Abs. 1 EGGVG auch ohne Rechtsmittelbelehrung läuft[112] — im Vergleich mit dem Schutz, den § 58 VwGO gewährt, eine zusätzliche Schwächung der Rechtsstellung des Betroffenen.

Die geschilderten Nachteile der Anwendung der §§ 23 ff. EGGVG sind daher durchaus ernst zu nehmen. Sie sind aber insgesamt rein rechtspolitischer Natur[113]. Denn sie gelten für den Rechtsschutz gegen die Staatsanwaltschaft in gleicher Weise und zeigen damit nur, daß der Rechtsschutz gegen die Ermittlungsbehörden ganz allgemein reformbedürftig ist[114].

Im übrigen wird das Rechtswegproblem z. T. dadurch entschärft, daß § 40 Abs. 1 S. VwGO ähnlich wie § 23 Abs. 2 EGGVG einen Vorrang für spezielle Rechtswegregelungen in einem Bundesgesetz begründet. Unabhängig davon, wie man sich in jener Streitfrage entscheidet, kommen daher zunächst die Bestimmungen der Strafprozeßordnung zum Zuge, die es gestatten, gegen selbständige Grundrechtseingriffe der Polizei den (Amts-)Richter anzurufen. Hierzu gehören nicht nur die ausdrücklichen Rechtsschutznormen wie die §§ 98 Abs. 2 S. 2, 111 e Abs. 2 S. 3, 132 Abs. 3 S. 2 StPO[115] und § 128 StPO[116], sondern ganz allgemein alle Regelungen, in denen aus der Befugnis des (Amts-)Richters zur Anordnung eines Eingriffs abgeleitet werden kann, daß er auch für den nachträglichen Rechtsschutz zuständig ist[117].

Wo die Strafprozeßordnung einen Rechtsweg gegen polizeiliche Strafverfolgungsmaßnahmen eröffnet, hat der Einzelne den Vorteil, daß er nicht auf die umständliche Anrufung des Oberlandesgerichts angewiesen ist. Vorschriften über die nähere Ausgestaltung des nachträglichen Rechtsschutzes finden sich jedoch nur in Einzelfällen (§§ 98, 114 a ff. StPO), Regelungen über besondere Klagetypen fehlen ganz. *Insoweit*

---

[110] S. oben II 2 a bb.
[111] *KG* NJW 1968/608.
[112] *BGH* DVBl 1974/908 ff.
[113] Versuche, einige von ihnen auf interpretatorischem Wege zu beseitigen finden sich bei *Schenke* (Anm. 55) S. 351 m.w.N.
[114] S. dazu unten IV.
[115] Gegen den Ausschluß der §§ 23 ff. EGGVG aber *Schenke* (Anm. 55) S. 347 ff.; s. dazu oben II 2 b aa.
[116] Vgl. dazu *Amelung* (Anm. 100) S. 527.
[117] S. dazu oben II 2 b bb und cc.

bleibt die Strafprozeßordnung noch weiter hinter dem Verwaltungsprozeßrecht zurück als die §§ 23 ff. EGGVG.

4. Zusammenfassung und Kritik

Betrachtet man die dargestellten Bestimmungen über den Rechtsschutz gegen strafprozessuale Grundrechtseingriffe im Zusammenhang, so ergibt sich ein verworrenes Bild, das eine gesetzgeberische Konzeption für den Rechtsschutz gegen Grundrechtseingriffe lediglich in Teilbereichen erkennen läßt.

Einigermaßen geschlossen erscheint noch die Regelung der Rechtsmittel gegen Anordnungen des *Richters*. Selbst hier aber ist die Bestimmung über den Rechtsschutz im Hauptverfahren (§ 305 StPO) so sehr mißglückt, daß die Grundrechtssicherung darunter leidet.

Im Bereich des Rechtsschutzes gegen Strafverfolgungsmaßnahmen der *Staatsanwaltschaft* und der *Polizei* herrscht große Wirrnis.

Als einheitlicher Gesichtspunkt ist hier nur das Bestreben der Strafprozeßordnung zu erkennen, den Einzelnen durch die automatische Einschaltung des Richters zu schützen, wo dieser ein Gericht nicht selbst erreichen kann. Diesem Zweck dient vor allem die präventive richterliche Tätigkeit, die in vielen Eingriffsnormen vorgesehen ist, sowie die zuweilen festgelegte Pflicht der Ermittlungsbehörden, selbständig vollzogene Maßnahmen nachträglich vom Richter bestätigen zu lassen.

In jener Kernzone aber, wo der Einzelne selbst Rechtsschutz suchen muß, versagt das geltende Recht fast völlig. Beim Rechtsweg schwankt es planlos zwischen dem Amtsrichter, dem Oberlandesgericht und — eine Frucht der „Reform" — dem Landgericht hin und her. Sucht man gar nach einer näheren Ausgestaltung dieses Rechtsschutzes, so findet man in der Strafprozeßordnung überhaupt nur einige Andeutungen in Einzelnormen, in den §§ 23 ff. EGGVG zwar mehr, aber immer noch eine Regelung, die ohne ersichtlichen Grund weit hinter dem Verwaltungsprozeßrecht zurück bleibt.

Die Rechtswissenschaft sucht zwar einige der größten Ungereimtheiten auf interpretatorischem Wege zu mildern. Aber abgesehen davon, daß auch ihr Engagement für die Lehre vom Rechtsschutz gegen strafprozessuale Grundrechtseingriffe nicht allzu groß ist, sind die Mittel, die juristische Vernunft gegen gesetzgeberische Unzulänglichkeit einsetzen kann, naturgemäß begrenzt.

III. Rechtsschutz gegen erledigte Grundrechtseingriffe

Nach diesem Überblick über die Regelung des Rechtsschutzes gegen strafprozessuale Grundrechtseingriffe ist es möglich, das übergreifende Problem des Rechtsschutzes gegen erledigte Maßnahmen zu erörtern. Dabei lohnt es, zunächst einmal ein Auge auf die Behandlung der Frage im Verwaltungsprozeßrecht zu werfen. Denn anders als im Strafverfahrensrecht ist das Problem hier bereits vielfach Gegenstand wissenschaftlicher Diskussion gewesen. Außerdem liegt in diesem Bereich reichhaltiges Entscheidungsmaterial vor, aus dem allgemeine Grundsätze herausgefiltert werden können, die möglicherweise auch für das Strafverfahrensrecht Bedeutung haben. Erst nach dieser Vorarbeit soll dann der eigentliche Gegenstand dieses Abschnittes angegangen werden.

A. Die Behandlung des Problems im Verwaltungsprozeßrecht

Im Verwaltungsprozeßrecht sind sich Rechtsprechung und Literatur heute darüber einig, daß gegen erledigte Grundrechtseingriffe Rechtsschutz gewährt werden muß[118]. Dogmatisch bestehen freilich manche Unsicherheiten, die sich z. T. auch in der unterschiedlichen Beantwortung von Detailfragen auswirken. Drei Problemkreise, die für das Strafverfahrensrecht Bedeutung erlangen, sollen kurz erörtert werden.

1. Klageart

Schwierigkeiten entstehen schon bei der Beantwortung der Frage, welche *Klageart* der Bürger wählen muß, um auch nach Erledigung des Eingriffs noch zu seinem Recht zu kommen. § 113 Abs. 1 S. 4 VwGO schreibt zwar ausdrücklich vor, daß das Gericht auf Antrag die Rechtswidrigkeit eines Verwaltungsaktes festzustellen hat, wenn dieser sich vor Erlaß des Urteils erledigte. Doch gilt diese Vorschrift unmittelbar nur für Verwaltungsakte, die erst während des Anfechtungsverfahrens gegenstandslos wurden. Hat sich die behördliche Entscheidung bereits *vor* Erhebung der Anfechtungsklage erledigt, hilft daher nur eine ana-

---

[118] *Eyermann/Fröhler*, VwGO (6. Aufl. 1974), § 113 Rdnr. 39 ff.; *Redeker/v. Oertzen*, VwGO (4. Aufl. 1971), 113 Rdnr. 12 ff.; *Ule* (Anm. 77) S. 200 ff. *Kopp*, VwGO (1974) § 113 Anm. 8 m. w. N.

A. Die Behandlung des Problems im Verwaltungsprozeßrecht

loge Anwendung des § 113 Abs. 1 S. 4 VwGO[119]. Geht es um eine erledigte Vollzugshandlung[120], so ist gar eine doppelte Analogie nötig, weil reale Vollzugsakte keine Verwaltungsakte sind[121].

§ 113 Abs. 1 S. 4 VwGO sieht vor, daß das Gericht ein Feststellungsurteil erläßt. Gleichwohl ist es nötig, den Antrag nach § 113 Abs. 1 S. 4 VwGO von der allgemeinen Feststellungsklage zu unterscheiden, wie sie in §§ 43 Abs. 1 VwGO/256 ZPO geregelt ist[122]. Die allgemeine Feststellungsklage zielt auf die Feststellung des Bestehens oder Nichtbestehens eines Rechtsverhältnisses, d. h. einer Rechtsbeziehung zwischen Personen[123]. Der Antrag nach § 113 Abs. 1 S. 4 VwGO richtet sich dagegen auf die Feststellung, daß die Behörde in der Vergangenheit rechtswidrig handelte. Diese Feststellung ist ein Teil der Entscheidung, die mit der Anfechtungsklage begehrt wird. Denn die Kassation eines Verwaltungsaktes, wie sie der Anfechtungskläger erstrebt, enthält stets zugleich die Feststellung, daß der Erlaß des kassierten Aktes gegen Rechtsnormen verstieß[124]. § 113 Abs. 1 S. 4 VwGO bestimmt, daß dann, wenn die förmliche Aufhebung des Verwaltungsaktes sinnlos geworden ist, der Kläger wenigstens noch den sinnvollen Rest einer solchen Entscheidung begehren kann, sofern er daran ein berechtigtes Interesse hat[125].

Die Ableitung der Feststellungsbefugnis des Verwaltungsgerichts nach § 113 Abs. 1 S. 4 VwGO aus seiner Aufhebungsbefugnis nach § 113 Abs. 1 S. 1 VwGO ist für die Behandlung erledigter Grundrechtseingriffe im Strafprozeßrecht sehr bedeutsam. Denn das Strafverfahrensrecht kennt keine allgemeine Feststellungsklage, sondern — wie gezeigt — nur verstreute Befugnisse, grundrechtsverletzende Entscheidungen zu kassieren. Der aufgezeigte Zusammenhang zwischen der Aufhebung eines unerledigten und der Feststellung der Rechtswidrigkeit eines erledigten Verwaltungsaktes legt es nahe, bei diesen strafprozessualen Kassationsbefugnissen anzusetzen, wenn es um die Frage geht, ob über erledigte Grundrechtseingriffe noch entschieden werden kann.

---

[119] *BVerwG* 12/87 (90); 26/161 (165); NJW 1967/1245.
[120] Dazu *BVerwG* 26/161 (164).
[121] S. oben bei Anm. 57.
[122] *Menger*, System des verwaltungsgerichtlichen Rechtsschutzes (1954), S. 239 ff.; *Schenke* BayVBL 1969/304; *Eyermann/Fröhler* (Anm. 118), § 113 VwGO Rdnr. 51; *Kopp* Anm. 118), § 113 VwGO Anm. 8 a; *Ule* (Anm. 77), S. 200; abw. *Renck* JuS 1970/113 (115 f.).
[123] Zu diesem — die Beziehungen zwischen einer Person und einer Sache ausklammernden — Begriff des Rechtsverhältnisses vgl. *Rupp*, Grundfragen der heutigen Verwaltungsrechtslehre, (1965), S. 166 f.
[124] *Bachof*, Die verwaltungsgerichtliche Klage auf Vornahme einer Amtshandlung (2. Aufl. 1968), S. 56; *Martens*, DÖV 1970/476 (477).
[125] Vgl. auch *Bachof* aaO.

2. Berechtigtes Interesse

Feststellungsklagen gegen erledigte Verwaltungsakte gem. § 113 Abs. 1 S. 4 VwGO sind nur zulässig, sofern der Kläger mit ihnen ein *berechtigtes Interesse* verfolgt. Als berechtigt anerkannt wird das Interesse an der Abwehr einer Wiederholungsgefahr, an der späteren Führung eines Amtshaftungsprozesses und an der Rehabilitation nach einem Verwaltungsakt mit diskriminierender Wirkung[126]. Die Verfolgung vermögensrechtlicher Interessen[127] ist nicht Thema dieser Abhandlung. Eine Wiederholungsgefahr ist bei hoheitlichen Grundrechtsbeeinträchtigungen meist schwer beweisbar, zumal bei der Bestimmung des erforderlichen Konkretheitsgrades Unsicherheiten bestehen[128], die den Kläger mit erheblichen Prozeßrisiken belasten. Bei polizeilichen Zwangsmaßnahmen, die den strafprozessualen Grundrechtseingriffen am nächsten stehen, spielt daher in der Verwaltungsgerichtsbarkeit das *Rehabilitationsinteresse gegenüber diskriminierenden Akten* die größte Rolle[129].

Wann einem Hoheitsakt diskriminierende Wirkung zugesprochen werden muß, ist in der Verwaltungsrechtslehre noch nicht genauer untersucht worden. Betrachtet man das vorliegende Entscheidungsmaterial, so lassen sich bei fließenden Übergängen drei Fallgruppen unterscheiden.

Eine *erste* Kategorie umfaßt Akte, die ausdrücklich eine herabsetzende Äußerung enthalten. Beispiele sind die Ablehnung der Beförderung eines Beamten wegen mangelnder fachlicher Eignung[130] und die Gewerbeuntersagung nach § 35 GewO[131]. Im Strafprozeßrecht enthält § 131 StPO (Erlaß eines Steckbriefs) einen in etwa vergleichbaren Fall. Für eine *zweite* Gruppe sind implizite Diskriminierungen kennzeichnend. Hierzu gehört die Durchsuchung nach § 4 VereinsG[132] und die Auflösung einer Versammlung nach §§ 13/15 VersG[133]. Eine vereinsrechtliche Durchsuchung i. S. d. § 4 VereinsG ist nur zur Vorbereitung eines Vereins-

---

[126] *Kopp* (Anm. 118), § 113 VwGO Anm. 8 c m. w. N.
[127] Dazu BVerwG DVBl 1968/220 m. krit. Anm. v. *Bartlsperger*, BVerwG DVBl 1973/365 m. krit. Anm. v. *Schrödter.*
[128] Vgl. dazu OVG *Bremen* VerwRspr. 23 (1972)/587 ff.; *Hess. VGH* VG Rspr. 1972/22ff.; *BayVGH* BayVBl 1973/383 ff. m. w. N.
[129] Grundlegend *BVerwG* 12/87 (90); 26/161 (168), ferner etwa *VG Berlin* DÖV 1972/103 ff.; *OVG Saarlouis* DÖV 1973/863. Vgl. auch *BVerwG* 28/285 ff.; 45/51 ff.; DVBl 1974/846, wo bei Haussuchungen, Freiheitsentziehungen und präventiven Eingriffen in das Wohnungsgrundrecht ohne weitere Begründung ein berechtigtes Interesse i. S. d. § 113 Abs. 1 S. 4 VwGO angenommen wird.
[130] *BVerwG* ZBR 1972/160.
[131] Dazu *BayVGH BayVBl* 1970/219; *BVerwG* DVBl 1971/277; *Kopp* (Anm. 118), § 113 VwGO Anm. 8 c.
[132] *BVerwG* 28/285 (286 f.)
[133] *BVerwG* 26/135 (136 f.); *OVG Hambg.* DVBl 1967/422; *OVG Bremen* VerwRspr. 23587 ff.; *OVG Saarlouis* DÖV 1973/863; dazu *Becker* MDR 1973/981 ff.

A. Die Behandlung des Problems im Verwaltungsprozeßrecht

verbotes nach § 3 VereinsG zulässig; folglich impliziert ihre Vornahme die Äußerung des Verdachts, die Tätigkeit des Vereins(mitglieds), bei dem durchsucht wird, laufe den Strafgesetzen, der verfassungsmäßigen Ordnung oder dem Gedanken der Völkerverständigung zuwider (Art. 9 Abs. 2 GG). Ähnlich enthält der Ausspruch eines Auflösungsgebotes nach § 15 VersG. die konkludente Behauptung, die Demonstranten hätten einen der in § 15 Abs. 2 VersG. erwähnten Auflösungstatbestände verwirklicht[134]. Dieser Gruppe entsprechen im Strafprozeßrecht jene Eingriffe, die an das Vorliegen des Verdachts der Begehung einer Straftat gebunden sind. Die *dritte* Kategorie schließlich umfaßt die Anwendung unmittelbaren Zwangs gegen die Person[135]. Die Diskriminierung liegt hier in einem Doppelten. Einmal implizieren auch solche Akte die Kundgabe minderer Achtung vor dem davon Betroffenen. Denn es ist ein Grundsatz unserer Rechtsordnung, daß der Staat unmittelbaren Zwang nur anwendet, wenn der Betroffene nicht willens oder nicht fähig ist, seine Rechtspflichten selbst zu erfüllen[136]. Zum anderen führt körperlich wirkende Gewalt zu einem Verlust an Selbststeuerung und damit an Ausdruckskontrolle, die zur Wahrung der Würde unerläßlich ist[137].

Sind damit die Fälle umgrenzt, in denen die Verwaltungsgerichte ein Rehabilitationsinteresse anerkennen, so lohnt es, noch kurz zu analysieren, wie die hier angesprochene „Diskriminierung" eigentlich wirkt. Diskriminierende Akte verursachen einmal eine Kränkung, d. h. eine Erschütterung oder zumindest Gefährdung der Selbstachtung[138]. Mit einem im materiellen Strafrecht gebräuchlichen, aber wenig plastischen Ausdruck kann man auch von einem Angriff auf die „innere Ehre" sprechen[139]. Daneben wird der gute Ruf des Betroffenen gefährdet, und zwar sowohl bei seinen Mitbürgern als auch bei den Angehörigen der eingreifenden Behörde, bei denen sich nur allzu leicht der Eindruck

---

[134] Im Ergebnis wie hier *OVG Saarlouis* DÖV 1973/863 ff. Dagegen suchte das *OVG Hamburg* DVBl 1967/422 (425) das Rechtsschutzinteresse bei Klagen gegen ein Versammlungsverbot mit der „erzieherischen Einwirkung" auf die Behörden zu begründen. Diese objektivistische Bestimmung des Rechtsschutzinteresses in § 113 Abs. 1 S. 4 VwGO wird von *Menger/Erichsen VerwArch* 59 (1968), S. 83 ff. zu Recht mit dem Hinweis auf die individualrechtlichen Grundlagen des aus Art. 19 Abs. 4 GG abgeleiteten Rechtsschutzsystems abgelehnt.

[135] BVerwG 26/161 (164 f.), für den Schlag mit dem Gummiknüppel.

[136] Vgl. dazu *Forsthoff*, Verwaltungsrecht (10. Aufl. 1973), S. 300 f.

[137] *Luhmann*, Grundrechte als Institution (1965), S. 53 f. (insbes. S. 66); *Goffman*, Über Ehrerbietung und Benehmen, in Interaktionsrituale (1973), S. 54 ff. (insbes. S. 102); *ders.*, Entfremdung in der Interaktion, in Interaktionsrituale, S. 124 ff. (insbes. S. 145).

[138] Vgl. dazu *Goffman*, Techniken der Imagepflege, in Interaktionsrituale, S. 10 ff.

[139] Nachweise bei *Hirsch*, Ehre und Beleidigung (1967), S. 2 Anm. 4.

festsetzt, derjenige, gegen den man vorging, neige zu einem Verhalten, wie es mit dem diskriminierenden Eingriff bekämpft werden sollte[140]. Hier berührt sich das Rehabilitationsinteresse mit dem Bestreben, eine Wiederholungsgefahr abzuwehren.

Hält man sich diese Folgen diskriminierender Hoheitsakte vor Augen, so wird deutlich, wogegen sich das von den Verwaltungsgerichten herausgearbeitete Rehabilitationsinteresse eigentlich richtet: es ist jene gefürchtete *Stigmatisierungswirkung*, die in der neueren Kriminologie eine so große Rolle spielt[141]. Das zeigt, daß dem hier ausgeworfenen Rechtsschutzproblem des Strafprozeßrechts einige Bedeutung zukommt, auch wenn es sich dabei „nur" um die Wahrung „ideeller" Interessen handelt.

3. Erledigungsbegriff

Am wenigsten geklärt ist im Verwaltungsprozeßrecht die Frage, wann man von der *Erledigung* eines Verwaltungs- oder Zwangsaktes auszugehen hat. Eine gängige Formel lautet, ein Verwaltungsakt sei dann erledigt, wenn die Beschwer entfallen sei[142]. Wie fragwürdig diese Bestimmung ist, wird aber nach dem Vorangegangenen rasch deutlich: Wenn die Verwaltungsgerichte Verwaltungsakte als erledigt behandeln, obgleich von ihnen noch Schadenswirkungen ausgehen, die das Persönlichkeitsrecht oder das Vermögen des Betroffenen berühren, so steht diese Formel mit der Rechtspraxis nicht in Einklang. Denn was sind diese Schadenswirkungen anderes als eine Beschwer?

Weiter dürfte man gelangen, wenn man den Erledigungsbegriff vom Ziel der Anfechtungsklage her bestimmt, auf die die Erledigungsregelung des § 113 I 4 VwGO sich ja bezieht. Erledigt ist dann ein (belastender) Verwaltungsakt, der nicht mehr aufgehoben werden kann, weil eine Wirkung als Befehl und Vollstreckungstitel, die mit der Anfechtung beseitigt werden soll, nicht mehr vorhanden ist[143]. Bloße Nebenwirkungen hindern dagegen die Erledigung nicht[144]. Für reale Vollzugs-

---

[140] Vgl. dazu *Brusten*, Determinanten selektiver Sanktionierung durch die Polizei, in *Feest/Lautmann* (Hrsg.), Die Polizei (1971), S. 31 ff., (58 f., 60 f.); *Feest/Blankenburg*, Die Definitionsmacht der Polizei S. 10, 43/44; 55 f.; 100; *Hoffmann-Riem* JZ 1972/297 (300).

[141] Grundlegend *Lemert*, Social Pathology (1951), insbes. S. 54 f., 73 f.; *Bekker*, Outsiders (1963, 4th pr. 1967), insbes. S. 8 ff.; *Goffman*, Stigma. Über Techniken der Bewältigung beschädigter Identität (1967) passim; zur Radikalisierung des „labeling approach" in Deutschland, vgl. *Sack*, Krim. Journ. 4 (1972)/3 ff.; zur Kritik dieser Radikalisierung, *Opp*, Krim. Journ. 4 (1972) 132 ff.; *Kaiser*, Kriminologie (2. Aufl. 1973), S. 61 ff. m. w. N.

[142] *Eyermann/Fröhler* (Anm. 118), § 113 VwGO Rdnr. 39; *Kopp* (Anm. 118), § 113 VwGO Anm. 8 b; BGH NJW 1973/616 (617).

[143] So *OVG Hamburg* DVBl 1967/422 (424); *Menger/Erichsen* (Anm. 134), S. 83; *Becker* MDR 1973/981.

[144] *OVG Hamburg* aaO; *Menger/Erichsen* aaO; vgl. auch *Brandl* BayVBl 1967/82 (83).

A. Die Behandlung des Problems im Verwaltungsprozeßrecht

maßnahmen, die keine Verwaltungsakte sind, gilt entsprechendes. Auch sie sind schon dann als erledigt anzusehen, wenn ihre typischen Wirkungen — der Freiheitsentzug, die Hausrechtsverletzung — nicht mehr vorhanden sind und daher das auf die Aufhebung *dieser* Wirkung gerichtete Rechtsmittel nicht mehr greift.

Daß der Betroffene trotz Erledigung oder „prozessualer Überholung" eines Grundrechtseingriffs noch durch eine fortwirkende Diskriminierung beschwert sein kann, ist auch der Strafprozeßrechtslehre bereits aufgefallen[145]. Diese Erkenntnis ist im Hinblick auf Art. 19 Abs. 4 GG von Bedeutung[146]. Sie schließt es aus, Rechtsschutz schon allein unter Berufung auf die Erledigung bzw. „prozessuale Überholung" der angegriffenen Maßnahme zu versagen. Denn diskriminierende Hoheitsakte verursachen eine Verletzung des in Art. 2 Abs. 1 i. V. m. 1 Abs. 1 GG geschützten Persönlichkeitsrechts[147], die über die Erledigung hinausreicht.

4. Zusammenfassung

Faßt man die für das Strafprozeßrecht bedeutsamen *Ergebnisse dieses Überblicks* zusammen, so bleibt folgendes festzuhalten:

Die Verwaltungsgerichte gewähren gegen erledigte Verwaltungs- und Vollzugsakte Rechtsschutz. Schutzinstrument ist die Feststellungsklage nach § 113 Abs. 1 S. 4 VwGO. Diese Klageart ist aus der Anfechtungsklage abgeleitet: die Feststellung, die mit ihr begehrt wird, ist in jeder Aufhebung eines Verwaltungsaktes nach § 113 Abs. 1 S. 1 VwGO mit enthalten. Damit zeichnet sich die Möglichkeit ab, aus den Kassationsbefugnissen der Strafprozeßordnung ebenfalls die Befugnis der Gerichte zur Feststellung der Rechtswidrigkeit eines erledigten Grundrechtseingriffs herzuleiten.

Gem. § 113 Abs. 1 S. 4 VwGO ist die Feststellungsklage nur zulässig, wenn der Kläger ein berechtigtes Interesse an der Feststellung der Rechtswidrigkeit des erledigten Eingriffs besitzt. Als berechtigtes Interesse wird von den Verwaltungsgerichten unter anderem ein Interesse an der Rehabilitation nach Erledigung eines Verwaltungsaktes mit diskriminierender Wirkung anerkannt. Dies ist für die Strafprozeßrechtslehre besonders wichtig, weil das Rehabilitierungsinteresse sich letztlich auf den Schutz vor „Stigmatisierung" richtet.

---

[145] Vgl. *Eb. Schmidt* JZ 1968/354 (363); *Peters* JR 1972/300 (301); *Hofmann,* Sitzungspolizei im Strafprozeß, Diss. Frankfurt 1971, S. 77.

[146] *Renck* (Anm. 122), S. 114.

[147] Zum Grundrechtsschutz der Ehre und des Interesses an der Rehabilitation vgl. *BVerfG* 6/7 (9); 28/151 (160 f.); 30/173 (193 f.); 35/202 (235 f.) sowie *Jakobs,* JZ 1971/279 (282 f.).

III. Rechtsschutz gegen erledigte Grundrechtseingriffe

Ein Interesse an der Rehabilitierung ist gegeben

a) bei Maßnahmen, die eine herabsetzende Äußerung über den Betroffenen enthalten (Beispiel: Steckbrief);
b) bei Anordnungen, die implizit diskriminieren, weil sie nur ergehen, wenn ein rechtswidriges Verhalten des Betroffenen vorliegt oder vermutet wird (Beispiel: Eingriff bei Tatverdacht);
c) bei Anwendung unmittelbaren Zwangs gegen eine Person, weil dieser stets implizit diskriminiert und vielfach die Ausdruckskontrolle des Betroffenen beeinträchtigt, die zur „Wahrung des Gesichts" notwendig ist.

Diskriminierende Hoheitsakte beeinträchtigen das allgemeine Persönlichkeitsrecht des Betroffenen, das in Art. 1 Abs. 1,2 Abs. 1 GG geschützt ist. Diese Beeinträchtigungen sind i. d. R. Nebenwirkungen von Maßnahmen, die auf ganz andere Grundrechtsbeeinträchtigungen gerichtet sind. Da sie aber nach Abschluß solcher Maßnahmen fortbestehen, wird der Betroffene von diskriminierenden Akten auch nach deren „Erledigung" oder „prozessualer Überholung" noch i. S. d. Art. 19 Abs. 4 GG beschwert.

B. Der Rechtsschutz gegen erledigte Grundrechtseingriffe im Strafverfahren

Nach diesen Vorarbeiten ist es möglich, sich dem Problem des Rechtsschutzes gegen erledigte Zwangsakte im Strafverfahren direkt zuzuwenden. Nach dem Prinzip des Fortschreitens vom Einfachen zum Komplizierten sollen dabei jeweils zuerst diejenigen Rechtswege erörtert werden, bei denen sich die Erlangung von Rechtsschutz am einfachsten begründen läßt. Für die Rechtslage ist es bezeichnend, daß die Rechtswege, deren Begründung juristisch die geringste Mühe bereitet, von dem Betroffenen in der Regel den größten Aufwand erfordern. Zudem bestehen sie durchweg nur subsidiär. Insoweit haben die Aussagen über sie hier stets einen vorläufigen Charakter: sie stehen unter dem Vorbehalt, daß nachfolgende Überlegungen zu schwerer begründbaren, aber für den Betroffenen günstigeren Rechtsschutzmöglichkeiten Einschränkungen erzwingen.

1. Rechtsschutz durch das Bundesverfassungsgericht

Eine allgemeine Regelung über den Rechtsschutz gegen Grundrechtsverletzungen durch Behörden und Gerichte enthält § 90 BVerfGG. Auf diese Bestimmung verweist die Strafprozeßrechtslehre, wenn sie keine

Möglichkeit mehr sieht, mit den Mitteln des Strafverfahrensrechts Rechtsschutz gegen erledigte Anordnungen zu gewähren[148].

In der Tat läßt das Bundesverfassungsgericht auch gegen erledigte Hoheitsakte die Verfassungsbeschwerde zu, sofern an ihrer Erhebung ein berechtigtes Interesse besteht[149]. Der Doppelfunktion der Verfassungsbeschwerde entsprechend erkennt das Gericht dabei zuweilen Gesichtspunkte des objektiven, generalpräventiven Grundrechtsschutzes an[150], prüft aber meist subjektive Interessen des Betroffenen wie das Interesse an der Abwehr einer Wiederholungsgefahr[151] oder an der Rehabilitation[152]. Das Rehabilitationsinteresse spielt dabei vor allem bei der Überprüfung strafrechtlicher Entscheidungen eine Rolle[153].

Wird eine strafverfahrensrechtliche Entscheidung freilich durch eine weitere überholt, die gleichfalls auf den angegriffenen Gründen beruht, so muß der Betroffene auch diese zweite Entscheidung anfechten. Anderenfalls weist das Bundesverfassungsgericht die Verfassungsbeschwerde gegen die erste Entscheidung wegen „prozessualer Überholung"[154] ab. Dies entschied das Gericht in einem Fall, in dem ein Mitglied der verbotenen KPD die Verbringung in Untersuchungshaft wegen Verletzung materieller Grundrechte anfocht, es dann aber unterließ, auch das inzwischen ergangene Strafurteil anzugreifen, das die angebliche Grundrechtsverletzung wiederholte[155].

Gem. § 90 Abs. 2 BVerfGG ist der Rechtsschutz, den die Verfassungsbeschwerde gewährt, grundsätzlich subsidiärer Art. Ihm kommt also nur Auffangwirkung zu, wo das Strafverfahrensrecht Lücken aufweist. Aber selbst diese Auffangwirkung unterliegt erheblichen Einschränkungen, die oft übersehen werden[156]. So betont das Bundesverfassungsgericht, daß ihm nur die Abwehr einer Grundrechtsverletzung, nicht aber die Überprüfung einfachen Gesetzesrechts obliegt[157]. Außerdem lehnt es ab, wie ein Gericht unterer Instanz die Tatsachen zu ermitteln[158]. Am

---

[148] *Löwe/Rosenberg/Dünnebier* § 33 a StPO Anm. 6; *OLG Celle* NJW 1973/ 863 (864); kritisch *Peters*, JR 1973/341, 343.
[149] *BVerfG*, 9/89 (92 f.); 10/302 (308); 11/336 (338); 16/119 (121 f.); 20/162 (173); 21/139 (143); 378 (383); 22/49 (71 f.); 32/87 (92); dazu *Zuck*, ZZP 78/323 ff.; *ders.,* Verfassungsbeschwerde und einstweilige Anordnung gem. §§ 90, 32 BVerfGG (1973) S. 42 f., 83 f.; *Lechner* BVerfGG (3. Aufl. 1973) § 30 Anm. 1.
[150] *BVerfG*, 9/89 (93/94); krit. *Zuck*, ZZP 78/323 (341).
[151] *BVerfG*, 10/302 (308); 16/119 (121 f.); 21/139 (143).
[152] *BVerfG*, 21/378 (383); 32/87 (92).
[153] Vgl. die in Anm. 152 genannten Entscheidungen.
[154] *BVerfG* 9/160 (161 f).
[155] Zur Kritik dieser Entscheidung s. u. Anm. 201.
[156] Vgl. dazu *Dürig/Evers*, Zur verfassungsändernden Beschränkung des Post-, Telefon- und Fernmeldegeheimnisses (1969) S. 22.
[157] *BVerfG*, 22/254 (264 f.); 22/267 (273).
[158] *BVerfG* 24/367 (402).

wichtigsten ist jedoch, daß die Verfassungsbeschwerde den Bereich, in dem Art. 19 Abs. 4 GG Rechtsschutz fordert, nicht abdeckt. § 90 BVerfGG ist zwar insofern weiter, als mit seiner Hilfe auch gegen gerichtliche Hoheitsakte aller Art Rechtsschutz erlangt werden kann; bei Art. 19 Abs. 4 GG ist das nicht der Fall[159]. Dem stehen jedoch sehr große Restriktionen des Schutzbereichs der Verfassungsbeschwerde gegenüber, die durch das Annahmeverfahren nach Art. 94 Abs. 2 Satz 2 GG/§ 93 a BVerfGG begründet werden. Gem. § 93 a Abs. 4 BVerfGG wird eine Verfassungsbeschwerde nur dann zur (Sach-)Entscheidung angenommen, wenn von ihr die Klärung einer verfassungsrechtlichen Frage zu erwarten ist oder dem Betroffenen anderenfalls ein schwerer und unabwendbarer Nachteil erwächst. Die Folge dieser Regelung ist, daß auch eine offensichtlich begründete Verfassungsbeschwerde zurückgewiesen werden darf[160]. *Hält man sich dies vor Augen, so wird deutlich, daß man dem Zwang, das Strafverfahrensrecht im Lichte umfassenden Grundrechtsschutzes auszulegen, nicht einfach durch den Hinweis auf § 90 BVerfGG entgehen kann.*

2. Rechtsschutz gegen erledigte Grundrechtseingriffe der Staatsanwaltschaft und der Polizei

a) *Rechtsschutz im Bereich der §§ 23 ff. EGGVG*

Am wenigsten Mühe bereitet die Begründung des Rechtsschutzes gegen erledigte Zwangsakte der Staatsanwaltschaft und der Polizei, für die die *§§ 23 ff. EGGVG* gelten. Denn § 28 Abs. 1 S. 4 EGGVG enthält eine Regelung, die dem § 113 Abs. 1 S. 4 VwGO im Wortlaut genau entspricht. Es bestehen folglich keine Bedenken, die Grundsätze, die die Verwaltungsgerichte für § 113 Abs. 1 S. 4 VwGO entwickelten, auf diese Vorschrift zu übertragen[161]. Deshalb ist § 28 Abs. 1 S. 4 EGGVG auch auf Justizverwaltungsakte anzuwenden, die sich bereits vor dem Antrag nach § 23 EGGVG erledigten[162], und gilt nicht nur für Verwaltungsakte i. e. S., sondern auch für reale Vollzugshandlungen, die den Betroffenen in seinen Rechten verletzten[163]. Keine Bedenken bestehen ferner, den Begriff des berechtigten Interesses grundsätzlich wie in § 113 Abs. 1 S. 4 VwGO auszulegen. Von den Oberlandesgerichten wird denn auch

---

[159] S. oben bei Anm. 37.
[160] *BVerfG*, 9/120 f.; *Lechner*, (Anm. 149), § 93 a BVerfGG Anm. zu Abs. 4.
[161] Vgl. auch *Schenke*, (Anm. 55), S. 354.
[162] *OLG Bremen*, JVBl 1961/42; *OLG Frankfurt*, NJW 1965/2315; *OLG Stuttgart*, NJW 1972/2146; *KG JR*, 1972/297; abw. *OLG Bremen*, JVBl 1961/191; *OLG Saarbrücken*, JVBl 1964/40 ff., die für die Aufhebung des erledigten Justizverwaltungsaktes plädieren.
[163] *KG*, JR 1972/297 (299); *OLG Stuttgart*, NJW 1972/2146 f.

neben dem Interesse an der Beseitigung einer Wiederholungsgefahr das Rehabilitationsinteresse als berechtigt anerkannt[164].

Die Einwände, die der *Bundesgerichtshof* gegen die Geltendmachung des Rehabilitationsinteresses bei der Anfechtung von Strafurteilen erhebt, sind im Verfahren nach § 28 Abs. 1 S. 4 EGGVG ohne Bedeutung. Nach dieser Rechtsprechung ist es bekanntlich unzulässig, ein Rechtsmittel gegen ein freisprechendes Urteil lediglich auf eine Diskriminierung in den Urteilsgründen zu stützen[165]. Die Argumente, die der *Bundesgerichtshof* hierfür vorbringt — Abwehr einer Entwertung des Freispruchs mangels Beweises, Zielbestimmung des Strafprozesses — gelten nur für das Hauptverfahren. Für den Rechtsschutz gegen verfahrensbegleitende Grundrechtseingriffe in speziellen Rechtsschutzverfahren sind sie daher ohne Interesse.

b) *Rechtsschutz im Bereich der Strafprozeßordnung*

Mehr Schwierigkeiten bereitet es, die Frage zu entscheiden, ob der Bürger auch dann Rechtsschutz gegen erledigte Grundrechtseingriffe erlangen kann, wenn die Strafprozeßordnung den Rechtsweg zum (Amts-)Richter eröffnet. Denn eine Bestimmung, die § 28 Abs. 1 S. 4 EGGVG entspricht, ist in ihr nicht enthalten.

Mit dem Dilemma, das daraus entsteht, hatte sich das *Kammergericht* bei der Entscheidung über eine erledigte Haussuchung zu beschäftigen[166]. Das Gericht ging davon aus, daß auf den Rechtsschutz gegen Haussuchungen an sich § 98 Abs. 2 S. 2 StPO entsprechend angewendet werden müsse[167]. Es bejahte auch die Notwendigkeit, noch nach Erledigung dieses Eingriffs gerichtlichen Schutz zu gewähren. Da aber § 98 Abs. 2 S. 2 StPO keine Bestimmung über den Schutz gegen erledigte Zwangsmittel enthält, wandte das Gericht kurzerhand § 28 Abs. 1 S. 4 EGGVG an[168].

---

[164] *OLG Frankfurt,* NJW 1965/2315; *KG* JR 1972/297 (299), in beiden Fällen allerdings nur als obiter dictum. Das Interesse an der Führung einer Amtshaftungsklage wird dagegen von *OLG Frankfurt,* NJW 1965/2315 nicht anerkannt. Nach *OLG Stuttgart* NJW 1972/2146 (2147) soll derjenige, der behauptet, in seinem Grundrecht nach Art. 2 GG verletzt worden zu sein, schon wegen des Gewichts dieser Rechtsgarantien „um ihrer selbst willen" ein schützenswertes Interesse an der nachträglichen Feststellung der Rechtsverletzung haben. Dazu s. o. Anm. 134.
[165] BGHSt 7/153 f.; 16/374 f.; krit. *Peters,* (Anm. 7), S. 542; *Löwe/Rosenberg/ Gollwitzer,* § 296, Anm. 4 c.
[166] *KG,* JR 1972/297 (298).
[167] S. dazu oben bei Anm. 86.
[168] Im Ergebnis ebenso *BayVerfGH,* NJW 1969/229 (230); *OLG Stuttgart,* NJW 1972/2146; *BVerwG* JZ 1975/523 (524) m. insoweit krit. Anmerkung von *Amelung* aaO S. 527.

Peters hat dem widersprochen[169]. Er meint, die Frage, welcher Rechtsweg gegen einen strafprozessualen Grundrechtseingriff in Betracht komme, werde zum Spiel des Zufalls, wenn man dem *Kammergericht* folgen würde. In der Tat würde die Zuständigkeit zum Rechtsschutz gegen eine Haussuchung etwa vom Arbeitstempo der durchsuchenden Beamten oder vom Auslastungsgrad der Telefonzentrale des Amtsgerichts abhängen, wenn bis zur Beendigung des Eingriffs der Amtsrichter, danach aber gem. § 25 Abs. 1 EGGVG das Oberlandesgericht zuständig wäre. Diese Faktoren könnten nicht nur vom Zufall, sondern u. U. sogar von den Ermittlungsbehörden selbst beeinflußt werden; es ist z. B. denkbar, daß die durchsuchenden Polizisten das Telefon des Wohnungsinhabers besetzen[170]. Angesichts der erörterten Nachteile einer Anrufung des Oberlandesgerichts[171], ist aber die Zuständigkeit für den Rechtsschutz praktisch viel zu wichtig, als daß man sie dem Zufall oder gar dem Einfluß jener Behörde überlassen dürfte, gegen die der Bürger sich gerade schützen will.

Solchen Unstimmigkeiten entgeht man, wenn man die Vorschriften der Strafprozeßordnung, die nachträglichen Rechtsschutz zulassen, gleichmäßig auf noch andauernde und schon erledigte Grundrechtseingriffe anwendet[172]. Das setzt freilich den Nachweis voraus, daß diese Normen dem Gericht die Möglichkeit einräumen, auch ohne eine ausdrückliche Ermächtigung wie in § 28 Abs. 1 S. 4 EGGVG die Rechtswidrigkeit einer erledigten Maßnahme festzustellen.

Hierfür lohnt es, einen Blick über das Strafprozeßrecht hinaus zu werfen. Die Feststellungsklage gegen erledigte Hoheitsakte ist fast in allen Prozeßordnungen zugelassen, deren Ziel die Regelung des gerichtlichen Rechtsschutzes gegen staatliche Behörden ist (vgl. §§ 113 Abs. 1 S. 4 VwGO, 28 Abs. 1 S. 4 EGGVG, 131 Abs. 1 S. 3 SGG, 100 Abs. 1 S. 4 FGO)[173]. Das läßt vermuten, daß sie Ausfluß eines allgemeinen Rechtsgrundsatzes ist, der auch dort Gültigkeit besitzt, wo eine solche Klage nicht ausdrücklich geregelt ist. Der Inhalt dieses Grundsatzes wird deutlich, wenn man sich vergegenwärtigt, daß der einzige Fall der Erledigung, den der Gesetzgeber ausdrücklich erwähnt, in allen Bestimmungen die Zurücknahme des angegriffenen Hoheitsaktes durch die beklagte Behörde ist[174]. Die Feststellungsklage gegen einen erledigten Hoheitsakt dient also — ungeachtet möglicher weiterer Zwecke — dem in dieser Untersuchung bereits mehrfach beschworenen Ziel, die Verwaltung (i. w. S.) daran zu hindern, daß sie ihre Verfahrenssituation einseitig auf

---

[169] JR 1972/300 f.
[170] Vgl. dazu *OLG Stuttgart*, NJW 1972/2146 (2147).
[171] S. oben II 2 a bb.
[172] So *Peters* aaO.
[173] Zum Fall des § 62 OWiG s. unten Anm. 180.
[174] Vgl. dazu auch *Bettermann*, DVBl 1973/48.

Kosten des Bürgers verbessert, solange dieser ein berechtigtes Interesse an der Führung des Prozesses besitzt[175]. Die Einräumung einer solchen Chance während des Rechtsschutzverfahrens enthielte auch einen Verstoß gegen den Grundsatz der Waffengleichheit vor Gericht[176]. Aber hiervon unabhängig wäre überhaupt die Idee, den einzelnen durch Gerichte gegen den Staat zu schützen, in ihrem Kern getroffen, wenn die staatlichen Organe solche Manipulationsmöglichkeiten besäßen, und zwar gleichgültig, ob davon während des Prozesses oder schon vorher Gebrauch gemacht würde. Denn läge es in der Macht des Staates, durch Zurücknahme oder Beendigung eines Eingriffes die Zuständigkeit eines Gerichtes zur Entscheidung über diese Maßnahme zu verschieben oder gar auszuschließen, so entschiede weder der einzelne noch das Gericht, sondern der Staat selbst, ob und in welcher Form er wegen einer rechtswidrigen Beeinträchtigung der Bürger zur Verantwortung gezogen wird. So gesehen ist — ein schutzwürdiges Interesse vorausgesetzt — die Zulassung einer Klage gegen abgeschlossene Eingriffe die notwendige Implikation der Eröffnung eines Rechtsweges gegen Maßnahmen der staatlichen Behörden. Dann besteht aller Anlaß, dem auch im Rahmen des strafprozessualen Rechtsschutzes Rechnung zu tragen.

Der Einwand, die Strafprozeßordnung sehe eine Feststellungsklage gegen erledigte Hoheitsakte nicht vor, ist ganz formal und lediglich konstruktiver Natur. Dabei ist er konstruktiv noch nicht einmal richtig. Es ist gezeigt worden, daß überall dort, wo die Strafprozeßordnung die präventive Einschaltung des (Amts-)Richters vorsieht, dieser auch die Befugnis zur Aufhebung von Eingriffen besitzt, die ohne seine Mitwirkung vorgenommen wurden[177]. Wie ebenfalls gezeigt wurde, ist die Befugnis zur Feststellung der Rechtswidrigkeit, die mit der Klage gegen einen erledigten Eingriffsakt begehrt wird, in der Befugnis zur Aufhebung einer rechtswidrigen Maßnahme impliziert, weil diese Aufhebung stets die Feststellung der Rechtswidrigkeit des aufgehobenen Aktes enthält[178]. Wer also die Befugnis des (Amts-)Richters zur Aufhebung von Maßnahmen der Ermittlungsbehörden in dem geschilderten Umfange anerkennt — und das ist bei den Gerichten weithin der Fall — der muß auch seine Feststellungsbefugnis bei erledigten Hoheitsakten anerkennen. Es muß nur sichergestellt werden, daß diese Befugnis vom Bürger nicht willkürlich in Anspruch genommen wird. Das läßt sich durch eine entsprechende Anwendung der Lehren erreichen, die zum

---

[175] *Müller,* DÖV 1965/38 (43).
[176] Der Umstand, daß im eigentlichen Strafverfahren Waffengleichheit lediglich in der Hauptverhandlung gewährleistet sein muß — *Henkel,* (Anm. 7), S. 106; *Kern/Roxin,* (Anm. 7), S. 55 — ist für die auf Art. 19 Abs. 4 GG beruhenden Rechtsschutzverfahren ohne Belang.
[177] S. oben II 2 b.
[178] S. oben III A 1 bei Anm. 124.

Feststellungsinteresse gem. §§ 113 Abs. 1 S. 4 VwGO/28 Abs. 1 S. 4 EGGVG entwickelt wurden[179].

Im Ergebnis ist daher festzuhalten, daß die Strafprozeßordnung den Wertungen des Grundgesetzes angepaßt werden kann, ohne daß dem Richter neue Befugnisse zugesprochen werden müßten. Überall dort, wo das Gesetz den Richter dazu ermächtigt, eine grundrechtsbeeinträchtigende Maßnahme der Ermittlungsbehörden aufzuheben, kann folglich auch von ihm verlangt werden, die Rechtswidrigkeit eines erledigten Eingriffsaktes festzustellen. Dies gilt nicht nur für die Aufhebungsbefugnis des Amtsrichters bzw. des sonst nach § 98 Abs. 2 S. 3 StPO zuständigen Gerichts, sondern auch für die Verfahren gem. §§ 161 a Abs. 3/ 163 a Abs. 3 S. 3 StPO. Im Bereich des § 62 OWiG wird dieses Ergebnis von der Kommentarliteratur sogar ausdrücklich anerkannt[180].

3. Rechtsschutz gegen erledigte Grundrechtseingriffe, die vom Richter angeordnet wurden

a) Nachholung des rechtlichen Gehörs

Es kommt bei strafprozessualen Grundrechtseingriffen häufig vor, daß sie von einem Richter angeordnet werden, der den Betroffenen nicht vorher hörte; man denke an die richterlichen Anordnungen nach den §§ 81 a, 98, 100, 100 b, 105, 114 StPO. § 33 Abs. 4 StPO läßt ein solches Vorgehen ausdrücklich zu, wenn zu befürchten ist, daß eine Anhörung den Zweck der Maßnahme gefährden würde. Dann stellt sich die Frage, ob und gegebenenfalls wie der Betroffene sich durch *Nachholung des rechtlichen Gehörs* schützen kann. Für den in § 33 Abs. 4 StPO erwähnten Fall der Festnahme aufgrund eines Haftbefehls trifft § 115 StPO eine ausdrückliche Anordnung; dort geht es aber um einen fortwirkenden, nicht um einen erledigten Zwangsakt. Für erledigte Eingriffe, die vom Richter angeordnet wurden, bleibt unter dem Gesichtspunkt der Nachholung des rechtlichen Gehörs allein *die Generalklausel des § 33 a StPO*.

§ 33 a StPO greift nur ein, wenn ein Rechtsmittel, insbesondere eine Beschwerde, gegen die ohne Anhörung ergangene Entscheidung nicht gegeben ist. Folgt man der herrschenden Lehre, so liegt diese Voraus-

---

[179] *Stephan*, NJW 1966/2394 behauptet allerdings, der Begriff des Rechtsschutzinteresses habe im Strafverfahrensrecht keinen Platz. Sein Argument, das Strafverfahren sei kein Rechtsschutzverfahren, greift aber beim Rechtsschutz gegen strafprozessuale Grundrechtsbeeinträchtigungen nicht ein. Hier geht es wie im Verwaltungsprozeßrecht um die Sicherung materiell-rechtlicher Rechtspositionen des einzelnen. Krit. zu *Stephan* auch *v. Löbbecke*, (Anm. 14), S. 50 ff.

[180] *Rebmann/Roth/Herrmann*, § 62 OWiG Rdnr. 21; *Göhler*, § 62 OWiG Anm. 7 c (allerdings nicht ganz integriert mit Anm. 4 c).

setzung bei Erledigung der Grundrechtsbeeinträchtigung stets vor. Denn nach herrschender Auffassung erzeugt ein erledigter Eingriff keine Beschwer mehr, die durch eine Beschwerdeentscheidung beseitigt werden kann, und gilt daher als „prozessual überholt"[181]. Gegen „prozessual überholte" Akte ist nach allgemeiner Meinung eine Beschwerde nicht zulässig[182].

Auch das in § 33 a StPO geregelte Verfahren setzt allerdings einen fortbestehenden „Nachteil" voraus. Fehlt er, so ist der Antrag auf nachträgliche Anhörung unzulässig[183]. Nun wird in der Kommentarliteratur der Begriff des Nachteils in § 33 a StPO dem der Beschwer i. S. d. Rechtsmittelrechtes gleichgesetzt[184]. Daraus ergibt sich zwangsläufig, daß von der herrschenden Auffassung nicht nur eine Beschwerde, sondern auch ein Nachverfahren gem. § 33 a StPO als unzulässig angesehen wird, wenn das Zwangsmittel, das der Richter ohne Anhörung des Betroffenen anordnete, sich bereits erledigt hat[185].

Dieses Ergebnis erscheint einigermaßen paradox. Die Vorschriften, in denen die Strafprozeßordnung vorsieht, daß ein Grundrechtseingriff von einem Richter anzuordnen ist, beruhen auf der Vorstellung des Gesetzgebers, derjenige, der von einem solchen Akt betroffen werde, sei besonders schutzbedürftig; in wichtigen Fällen ist diese Vorstellung aus leidvollen Erfahrungen der konstitutionellen Bewegung des 18. und 19. Jahrhunderts erwachsen, und deshalb haben die entsprechenden Normen sogar Verfassungsrang (§ 105 Abs. 1 StPO/Art. 13 Abs. 2 GG, § 114 StPO/ Art. 104 Abs. 2 GG)[186]. Würde man aber der herrschenden Ansicht folgen, so hätten sich durch die Einführung umfassenden Gerichtsschutzes gegen Akte der Behörden seit dem Zweiten Weltkrieg die Wertungsverhältnisse umgekehrt. Denn gegen erledigte Grundrechtseingriffe der *Behörden* ist bei Vorliegen eines berechtigten Interesses heute unstreitig der Rechtsweg eröffnet und sei dies nur der umständliche Rechtsweg der §§ 25 Abs. 1/28 Abs. 1 S. 4 EGGVG[187]. Damit hat der Bürger hier

---

[181] *Kleinknecht,* Anm. 4 D vor § 296 StPO; *Müller/Sax* § 304 Anm. 1 d; *Löwe/Rosenberg/Dünnebier* § 105 StPO Anm. 7 b; *OLG Celle* NJW 1973/863 ff.; *BGH* NJW 1973/2035. Abw. *Peters* JR 1973/341; *Haffke* NJW 1974/1983 (1984); vgl. auch *Eb. Schmidt* JZ 1968/354 (362).

[182] *Kleinknecht* Anm. 4 D vor § 296 StPO; *Müller/Sax* § 304 Anm. 1 d jeweils m. w. N.

[183] *Löwe/Rosenberg/Dünnebier,* § 33 a StPO Anm. 6; *OLG Celle* NJW 1973/ 863 f.

[184] *Kleinknecht,* § 33 a StPO Anm. 5; *Löwe/Rosenberg/Dünnebier* § 33 a StPO Anm. 6.

[185] *OLG Celle* NJW 1973/863 (864); *Löwe/Rosenberg/Dünnebier* § 33 a StPO Anm. 6; *Müller/Sax* § 33 a StPO Anm. 2 b (2).

[186] Vgl. dazu *Lorenz,* Der Rechtsschutz des Bürgers und die Rechtsweggarantie (1973) S. 138 ff.

[187] S. dazu oben.

immer die Möglichkeit, seinen „case" noch einmal zur gerichtlichen Verhandlung zu stellen und feststellen zu lassen, daß sein Verhalten die angegriffene Zwangsmaßnahme nicht rechtfertigte. Ausgerechnet in jenen wichtigen Fällen aber, wo wegen der besonderen Schutzbedürftigkeit des einzelnen traditionellerweise der *Richter* schon im vorhinein eingeschaltet wird, wäre dem Betroffenen dagegen die Möglichkeit einer Rehabilitation verschlossen. Diese Konsequenz der herrschenden Lehre wäre nur hinzunehmen, wenn die präventive Einschaltung des Richters für jenes nachträgliche Verfahren vollen Ersatz bieten würde. Davon kann jedoch gar keine Rede sein. Wo der Richter ohne Anhörung des Betroffenen im vorhinein prüft, ob der von den Ermittlungsbehörden geplante Eingriff zulässig ist, hat der Bürger zwar den Vorteil, daß die Rechtslage zuvor von einer neutralen, am Eingriff nicht interessierten Instanz untersucht wird. Doch darf das nicht darüber hinwegtäuschen, daß dieser Richter durchaus einseitig instruiert ist und daher u. U. wichtige Tatsachen, die einen Eingriff ungerechtfertigt erscheinen lassen, gar nicht berücksichtigt[188].

Deshalb kann die in den Kommentaren herrschende Auffassung nicht richtig sein. Ihr Hauptfehler liegt darin, daß sie den Abschluß eines Grundrechtseingriffs zur Förderung oder Sicherung des Strafverfahrens mit dem Fortfall des „Nachteils" bzw. der Beschwer vermengt. Wie gezeigt, hat u. U. auch ein erledigter Eingriff noch fortdauernde Nebenwirkungen, die die materiellrechtliche Position des Betroffenen — genauer: sein allgemeines Persönlichkeitsrecht — beeinträchtigen[189]. Die Gründe, die bei der Auslegung des § 33 a StPO zur Vernachlässigung dieser materiellrechtlichen Wirkungen führen, bieten besonders lehrreiche Beispiele für die Blickverengungen einer rein prozessualen Perspektive, die im Effekt zur Einschränkung des Grundrechtsschutzes führen.

So bezieht z. B. *Dünnebier* den „Nachteil" i. S. d. § 33 a StPO allein auf die *Verfahrens*stellung des Betroffenen[190]. Bedeutet der „Nachteil" i. S. d. § 33 a StPO aber das gleiche wie die Beschwer des Beschwerderechts — was *Dünnebier* annimmt[191] — so muß er auch Beeinträchtigungen materieller Rechte umfassen[192]. Das zeigt § 305 S. 2 StPO. Anderes würde nur gelten, wenn man den Begriff des „Nachteils" von dem der Beschwer i. S. d. Beschwerderechts unterscheiden würde, etwa deshalb, weil man den Anspruch auf rechtliches Gehör allein auf die Verfahrensgestaltung bezieht und deshalb die mit dieser Befugnis zu bekämpfen-

---

[188] S. dazu auch *Amelung* (Anm. 88) S. 81 f., 84.
[189] S. oben III A 3.
[190] *Löwe/Rosenberg/Dünnebier* § 33 a StPO Anm. 6.
[191] a.a.O.
[192] S. oben II 1 a.

den Nachteile als reine Verfahrensnachteile begreift. Auch dies wäre aber eine prozessualistische Verdünnung dieses Rechts, die seine Funktion der Unrechtsabwehr[193] vernachlässigen würde. Wie wenig angemessen eine solche Sicht des rechtlichen Gehörs wäre, zeigt gerade der Fall der Anordnung eines Grundrechtseingriffs durch den Ermittlungsrichter. Den Schutz materiellrechtlicher Rechtspositionen des einzelnen gegen Anordnungen der Ermittlungs*behörden* sichert letztlich Art. 19 Abs. 4 GG, dessen Minimalgehalt in der Gewährleistung eines gerichtlichen Verfahrens mit rechtlichem Gehör besteht[194]. Bei einer Grundrechtsbeeinträchtigung durch den Ermittlungs*richter* greift Art. 19 Abs. 4 GG dagegen nicht ein, weil der Richter hier in der Rolle eines neutralen Dritten handelt[195]. Ist dies richtig, so eröffnet diese Vorschrift dem einzelnen auch keinen Weg, gegen einseitige richterliche Eingriffe ein gerichtliches Verfahren anzustrengen, in dem er sich hiergegen wehren kann. Soll aber der von einem richterlichen Grundrechtseingriff Überraschte am Ende nicht schlechter dastehen als derjenige, den eine behördliche Rechtsbeeinträchtigung traf, so muß hier das Recht auf Nachholung des rechtlichen Gehörs die Funktionen übernehmen, die bei behördlichen Eingriffen Art. 19 Abs. 4 GG erfüllt. Die Befugnisse aus Art. 19 Abs. 4 GG und Art. 103 Abs. 1 GG sind insoweit eng verwandt[196].

Ausdruck einer einseitig prozessualen Betrachtungsweise ist es auch, wenn zur Begründung, daß bei Erledigung des Grundrechtseingriffs ein „Nachteil" entfällt, auf den Gesichtspunkt der *„prozessualen Überholung"* verwiesen wird[197]. *v. Kries,* von dem der Begriff der „prozessualen Überholung" stammt[198], nannte seinerzeit als Beispielsfälle den Ausschluß des Antrages auf Voruntersuchung nach Eröffnung des Hauptverfahrens und die Unzulässigkeit einer Gegenerklärung des Revisionsgegners nach Erlaß des revisionsgerichtlichen Urteils[199]. Diese Beispiele betreffen rein prozessuale Rechte, die in einem bestimmten Verfahrensstadium entstehen, auf dieses Verfahrensstadium bezogen sind und folglich mit dessen Abschluß untergehen, selbst wenn dies gesetzlich nicht ausdrücklich bestimmt ist[200]. Fallen die Befugnisse aber mit Erreichung eines neuen Verfahrensstadiums fort, so können sie, sobald dieses

---
[193] *Maunz/Dürig/Herzog* Art. 103 GG Rdnr. 5; *Baur* AcP 153 (1954) S. 393 ff. (402).
[194] *Bauer,* Gerichtsschutz als Verfassungsgarantie (1973) S. 92.
[195] S. dazu oben II 1 c und II 2 b bb bei Anm. 88.
[196] Vgl. auch *Lerche* ZZP 78 (1965) S. 1 ff. (16 f., 22 f.).
[197] *Kleinknecht* § 33 a StPO Anm. 5; *Löwe/Rosenberg/Dünnebier* § 33 a StPO Anm. 6; OLG Celle NJW 1973/863 (864).
[198] *Stephan* (Anm. 179) S. 2395 Anm. 16; *Eb. Schmidt* (Anm. 145) S. 362.
[199] *v. Kries,* Lehrbuch des Deutschen Strafprozeßrechts (1892) S. 459.
[200] Zum Zusammenhang zwischen der Lehre von der prozessualen Überholung und einem in verschiedene Abschnitte unterteilten Prozeß vgl. auch *Goldschmidt,* Der Prozeß als Rechtslage (1925) S. 520.

neue Stadium erreicht ist, nicht mehr beeinträchtigt werden, d. h. nicht mehr Gegenstand einer Beschwer sein. Folglich ist es sinnvoll, davon zu reden, die Beschwer entfalle hier wegen „prozessualer Überholung", wobei das, was eigentlich „überholt" wurde, das prozessuale Recht ist, dessen Beeinträchtigung verspätet geltend gemacht wird. Strafprozessuale Grundrechtseingriffe haben dagegen neben prozessualen Wirkungen auch Einfluß auf Rechtspositionen des *materiellen* Rechts. Diese Positionen bestehen grundsätzlich unabhängig vom Prozeß. Man kann daher auch nicht ohne weiteres von der Durchschreitung eines bestimmten Prozeßstadiums auf ihren Fortfall schließen. Dann ist es noch viel weniger möglich, die Beeinträchtigung eines solchen Rechtes, also die Beschwer, schon deshalb zu verneinen, weil durch den Abschluß der Zwangsmaßnahme ein neuer Verfahrensstand erreicht wurde. Die Rede von der „prozessualen Überholung" eines verfahrensbegleitenden Grundrechtseingriffs führt daher in doppelter Weise in die Irre: einmal erfaßt sie die Maßnahme allein unter dem Blickwinkel der Förderung des Strafverfahrens und blendet ihre materiellrechtliche Bedeutung aus, zum anderen suggeriert sie den falschen Eindruck, es bestehe hier der gleiche automatische Zusammenhang zwischen der Entwicklung des Prozesses und dem Fortfall der Beschwer wie bei der Beeinträchtigung reiner Verfahrensrechte[201]. Damit soll nicht geleugnet werden, daß prozessuale Vorschriften über die Versäumung von Fristen oder über die Rechtskraft Einfluß auf das Fortbestehen materieller Rechte haben. Wo es um diesen Einfluß geht, sollte man aber die speziell einschlägige Gesetzesnorm benennen und nicht das Institut der „prozessualen Überholung" bemühen, das lediglich einen aus dem Gesamtzusammenhang der Strafprozeßordnung erschlossenen Grundsatz für die Geltendmachung prozessualer Befugnisse betrifft.

Unerheblich ist schließlich auch der Gesichtspunkt, daß die Entscheidung nach § 33 a StPO die Ausübung des Zwanges nach dessen Abschluß nicht ungeschehen machen kann[202]. Es geht bei der Nachholung des recht-

---

[201] Abzulehnen ist daher auch das Abstellen auf den Gesichtspunkt der „prozessualen Überholung" in der oben (bei Anm. 155) behandelten Entscheidung des *Bundesverfassungsgerichts* über die Verfassungsbeschwerde eines KPD-Funktionärs, der nur den Haftbefehl, nicht aber das später auf die gleiche Strafnorm gestützte Strafurteil angriff (BVerfG 9/160 [161 f.]). Der Fortfall einer Beschwer ließ sich hier nicht einfach mit dem Hinweis auf die Fortentwicklung des Strafprozesses begründen. Diese Annahme verlangte vielmehr den ausdrücklichen Nachweis, daß das Interesse des Beschwerdeführers entfallen oder (wegen Verwirkung?) nicht mehr schutzwürdig war. Dafür mußten aber zusätzliche Voraussetzungen erfüllt sein, die nicht mehr im Bereich des Strafverfahrens, sondern auf der Seite des Beschwerdeführers zu suchen waren. Mißlang ein solcher Nachweis, so war der Haftbefehl nach den dargestellten Grundsätzen über die Verfassungsbeschwerde gegen erledigte Hoheitsakte, das nachfolgende Strafurteil aber gegebenenfalls entsprechend § 79 BVerfGG zu behandeln.

lichen Gehörs in diesem Falle nicht um die Beendigung des Zwanges, sondern um die Beseitigung einer Diskriminierungswirkung. Wenn man aber bei der Anwendung der §§ 113 Abs. 1 S. 4 VwGO/28 Abs. 1 S. 4 EGGVG davon ausgeht, daß eine Entscheidung, die die Rechtswidrigkeit des Zwangsaktes feststellt, zur Beseitigung einer solchen Diskriminierungswirkung taugt[203], so ist kein Grund ersichtlich, weshalb eine feststellende Entscheidung im Rahmen des § 33 a StPO nicht das gleiche bewirken soll.

Weiter reicht der Vergleich mit den §§ 113 Abs. 1 S. 4 VwGO/28 Abs. 1 S. 4 EGGVG allerdings nicht. Was zur Ratio dieser Vorschriften ausgeführt und daraus abgeleitet wurde[204], läßt sich auf § 33 a StPO nicht ohne weiteres übertragen. Denn die §§ 113 Abs. 1 S. 4 VwGO/28 Abs. 1 S. 4 EGGVG dienen der Kontrolle von Behörden gem. Art. 19 Abs. 4 GG. § 33 a StPO setzt dagegen richterliche Selbstkontrolle in Gang. Der Grundgedanke der §§ 113 Abs. 1 S. 4 VwGO/28 Abs. 1 S. 4 EGGVG — den einzelnen davor zu schützen, daß die staatlichen Behörden durch Herbeiführung eines Erledigungsereignisses die richterliche Kontrolle ihres Handelns umgehen — paßt deshalb hier nicht.

Ein Rückgriff auf die Prinzipien des verwaltungsprozessualen Rechtsschutzes gegen erledigte Hoheitsakte ist aber auch gar nicht notwendig. Für die Anwendbarkeit des § 33 a StPO genügt es, einen „Nachteil" und eine Befugnis zum Erlaß einer feststellenden Entscheidung aufzuzeigen. Die erste Forderung wird mit dem Nachweis der diskriminierenden Wirkung eines strafprozessualen Grundrechtseingriffs erfüllt. Um der zweiten Forderung genüge zu tun, kann auf die allgemeine Verfahrenslehre Bezug genommen werden. Sie erkennt auch außerhalb des Verwaltungsprozeßrechts an, daß jede Befugnis zur Aufhebung einer staatlichen Entscheidung die Befugnis zur Feststellung ihrer Rechtswidrigkeit impliziert[205]. Da der gemäß § 33 a StPO verfahrende Richter eine solche Aufhebungsbefugnis besitzt, hat dieser Grundsatz folglich auch hier zu gelten.

Damit erweisen sich alle erörterten Argumente gegen die Anwendung des § 33 a StPO bei erledigten Zwangsmitteln, die der Richter anordnete, als unschlüssig. An ihnen und ihren paradoxen Folgen läßt sich vielmehr besonders gut demonstrieren, daß Vorstellungen und Begriffe aus vorkonstitutioneller Zeit die Strafprozeßrechtslehre noch immer daran hindern, den materiellrechtlichen Wirkungen der strafprozessualen Grund-

---

[202] *Müller/Sax* § 33 a StPO Anm. 2 b (2); vgl. für die Beschwerde auch *Eb. Schmidt* JZ 1968/354 (363).
[203] S. oben III A 2.
[204] S. oben III B 2 b bei Anm. 173.
[205] *Bötticher* ZZP 75 (1962) S. 43; *Bruns* ZZP 78 (1965) S. 282 ff.; *Blomeyer*, Zivilprozeßrecht (1963) S. 497.

rechtseingriffe voll gerecht zu werden. Jene überkommenen Vorstellungen wirken bei der Beurteilung richterlicher Anordnungen weit stärker fort als bei der Beurteilung der Akte der Ermittlungsbehörden, weil dort zumindest im Bereich der §§ 23 ff. EGGVG die modernen, besser auf den Grundrechtsschutz zugeschnittenen Doktrinen des Verwaltungsprozeßrechts Einfluß gewonnen haben.

Offen geblieben ist bisher freilich das Problem der Konkurrenz zwischen den §§ 33 a und 304 ff. StPO. Sicher ist nach dem Gesagten nur, daß § 33 a StPO bei erledigten Grundrechtseingriffen zur Anwendung kommt, wenn schon gegen den unerledigten Eingriff kraft Gesetzes die Beschwerde ausgeschlossen ist. Beispiele hierfür wurden oben genannt[206].

In allen verbleibenden Fällen haben dagegen die vorstehenden Überlegungen die Prämisse ins Wanken gebracht, es gebe keinen Rechtsbehelf, der Ersatz für die Nachholung des rechtlichen Gehörs bietet. Denn aus den Überlegungen zum Begriff des „Nachteils" hat sich ergeben, daß die Beschwerde gegen eine grundrechtsbeeinträchtigende Anordnung eines Richters nicht einfach wegen des Fehlens einer Beschwer unzulässig sein kann. Insoweit stehen die vorangegangenen Ausführungen unter dem Vorbehalt, daß § 33 a StPO wegen seiner Subsidiaritätsklausel in der Masse der Fälle doch keine Anwendung findet, weil sich erweist, daß gegen erledigte Grundrechtseingriffe, die ohne Anhörung vom Richter angeordnet wurden, die Beschwerde gegeben ist.

b) *Beschwerde*

Für die Zulässigkeit der *Beschwerde* ist es grundsätzlich ohne Belang, ob eine richterliche Entscheidung mit oder ohne Anhörung des Betroffenen erging. Unzulässig ist die Beschwerde allerdings, wenn eine Beschwer nicht mehr besteht[207]. Wie gezeigt, ist das aber entgegen der herrschenden Auffassung[208] bei Erledigung eines Grundrechtseingriffs mit diskriminierender Wirkung nicht der Fall[209].

Dann ergeben sich Probleme eigentlich nur noch daraus, daß auch § 309 StPO eine feststellende Entscheidung nicht ausdrücklich vorsieht. Diese Probleme lösen sich wie bei § 33 a StPO[210]. Was zu § 113 Abs. 1 S. 4 VwGO/28 Abs. 1 S. 4 EGGVG gesagt wurde[211], läßt sich auf das Beschwerderecht zwar ebenfalls nicht übertragen, denn auch die

---

[206] S. oben II 1 b.
[207] *Kleinknecht* Anm. 4 D vor § 296 StPO; abweichend wohl *Welp* (Anm. 86) S. 117 für den Sonderfall des Eingriffs in das Post- und Fernmeldegeheimnis.
[208] Zu ihr s. o. III B 3 a bei Anm. 181.
[209] S. oben III B 3 a nach Anm. 189.
[210] S. dazu oben III B 3 a bei Anm. 205.
[211] S. dazu oben III A 1.

§§ 304 ff. StPO dienen der innerjustiziellen Kontrolle[212]. Doch kommt es darauf nicht an, weil der Grundsatz, daß die Aufhebungsbefugnis die Befugnis zur Feststellung der Rechtswidrigkeit eines Hoheitsaktes impliziert — wie gezeigt — allgemeiner Natur ist[213].

Deshalb ist davon auszugehen, daß gegen die richterliche Anordnung eines Grundrechtseingriffs mit diskriminierender Wirkung noch nach Erledigung die Beschwerde zulässig ist[214], so daß bei Entscheidungen ohne Anhörung des Betroffenen in der Regel auch nicht auf § 33 a StPO zurückgegriffen zu werden braucht[215]. Dieses Ergebnis ist übrigens keineswegs ganz neu. Im Kommentar von *Schwarz-Kleinknecht* ist es in ähnlicher Form bis zur 28. Auflage vertreten worden[216]. Erst ein falscher Purismus bei der Anwendung der Lehre von der „prozessualen Überholung" hat dort zu einem Rückschritt geführt. Im Sonderfall der Beschwerde nach verbüßter Ordnungsstrafe gem. §§ 178, 180, 181 GVG entspricht die hier verfochtene Auffassung sogar einer festen Rechtsprechung der Oberlandesgerichte, die schon auf die Zeit vor dem Ersten Weltkrieg zurückgeht[217]. Eine unzureichende Vorstellung von den diskriminierenden Wirkungen strafprozessualer Grundrechtseingriffe hat zusammen mit einigen der hier bekämpften Dogmen bislang eine Verallgemeinerung jener Entscheidungen verhindert.

---

[212] Entgegen *Peters* JR 1973/341 (342); *Welp* (Anm. 86) S. 116 ist es daher nicht möglich, § 28 Abs. 1 S. 4 EGGVG auf das Beschwerderecht analog anzuwenden. Das ist wichtig für die verfassungsrechtliche Beurteilung eines gesetzlichen Ausschlusses der Beschwerde gegen erledigte Grundrechtseingriffe mit diskriminierender Wirkung. Ein solcher Ausschluß ist — von den oben II 1 c angeführten Ausnahmen abgesehen — grundsätzlich zulässig, während er im Bereich der §§ 28 EGGVG/113 VwGO gegen Art. 19 Abs. 4 GG verstoßen würde. Gegen eine analoge Anwendung von § 113 Abs. 1 S. 4 VwGO auf das Beschwerderecht nach §§ 19 ff. FGG auch *OLG Köln* FamRZ 1971/190 f.; *BayObLG* NJW 1964/1326; *Bärmann*, Freiwillige Gerichtsbarkeit (1968) S. 190.
[213] S. dazu oben Anm. 205. Für eine feststellende Entscheidung ausdrücklich auch *OLG Königsberg* HRR 1928 Nr. 393.
[214] Im Ergebnis ebenso *Peters* JR 1973/341 f.; *Haffke* NJW 1974/1983 (1985); *Welp* (Anm. 86) S. 116 f.; abw. *OLG Celle* JR 1973/339 f. sowie *OLG Köln* FamRZ 1971/190 f.; *BayObLG* NJW 1964/1326; *Bärmann*, Freiwillige Gerichtsbarkeit (1968) S. 190 für die Beschwerde nach §§ 19 ff. FGG.
[215] Zu den Ausnahmefällen s. o. II 1 b und c.
[216] *Kleinknecht* (28. Aufl.) § 304 StPO Anm. 3; anders 29. Aufl., § 304 StPO Anm. 3 und seither ständig.
[217] *BayObLGSt* Bd. 12/315 f.; *BayObLGSt* Bd. 23/14 f.; *OLG Königsberg* DJZ 1927/1046; *OLG Königsberg* HRR 1928 Nr. 393; *BayObLGSt* HRR 1935 Nr. 823; vgl. außerdem *OLG Hamm* bei Alsberg (Anm. 23) Nr. 47 (Entscheidung wegen der Haftkosten) und *OLG Rostock* bei Alsberg (Anm. 23) Nr. 252 („Aufhebung" eines erledigten Haussuchungsbefehls).

4. Zusammenfassung

Der Ertrag der vorstehenden Überlegung läßt sich leicht zusammenfassen:

Überall dort, wo der Richter nach geltendem Recht befugt ist, eine grundrechtsbeeinträchtigende Maßnahme aufzuheben, kann der Betroffene von ihm auch die Feststellung begehren, daß ein erledigter Grundrechtseingriff rechtswidrig war. Voraussetzung ist lediglich, daß beim Antragsteller ein berechtigtes Interesse bzw. eine Beschwer i. S. d. §§ 33 a/304 ff. StPO gegeben ist.

Wo sich die Kontrolle von (unerledigten) Grundrechtseingriffen der *Ermittlungsbehörden* nach dem EGGVG richtet, gilt die aufgestellte Regel kraft ausdrücklicher Anordnung in § 28 Abs. 1 S. 4 EGGVG. Diese Bestimmung ist aber nur Ausfluß eines teleologischen und eines konstruktiven Prinzips allgemeinerer Natur. Das teleologische Prinzip besagt: Wo der Richter zur Aufhebung behördlicher Maßnahmen befugt ist, muß er auch berechtigt sein, die Rechtswidrigkeit eines erledigten Aktes festzustellen; denn nur so kann verhindert werden, daß die Behörden sich durch den vorzeitigen Abschluß ihres Eingriffs der Kontrolle durch den zuständigen Richter entziehen. Das konstruktive Prinzip besagt: In der richterlichen Befugnis zur Aufhebung einer Behördenmaßnahme ist die Befugnis zur Feststellung ihrer Rechtswidrigkeit mit enthalten, weil jede Aufhebung eine solche Feststellung impliziert. Da die Geltung dieser Grundsätze über die Positivierung der Fortsetzungsfeststellungsklage in den Verwaltungsprozeßgesetzen hinaus reicht, sind sie auch im Rahmen der Strafprozeßordnung zu beachten. Wo diese explizit oder implizit den Amtsrichter zur Aufhebung eines Grundrechtseingriffs der Ermittlungsbehörden ermächtigt, kann der Betroffene daher bei Vorliegen eines berechtigten Interesses auch verlangen, daß die Rechtswidrigkeit eines erledigten Aktes festgestellt wird. Die Auffassung der Gerichte, nach Erledigung gehe die Entscheidungsbefugnis von dem in der Strafprozeßordnung benannten (Amts-)Richter auf das Oberlandesgericht über, ist nachdrücklich abzulehnen.

Im Bereich der *justitiellen Selbstkontrolle* nach den §§ 33 a/304 StPO/ 181 GVG gilt ebenfalls, daß die Befugnis zur Aufhebung einer grundrechtsbeeinträchtigenden Maßnahme die Befugnis zur Feststellung der Rechtswidrigkeit impliziert. Zulässig ist eine solche Feststellung allerdings nur, sofern eine Beschwer bzw. ein „Nachteil" i. S. d. § 33 a StPO besteht. Eine solche Beschwer liegt bei einem erledigten Eingriff aber immer schon dann vor, wenn dieser diskriminierende Wirkungen hatte.

Nur vom *Bundesverfassungsgericht* kann nicht jederzeit mit Aussicht auf Erfolg Rechtsschutz gegen erledigte Grundrechtseingriffe begehrt werden. Das liegt daran, daß nach § 93 a BVerfGG auch begründete Verfassungsbeschwerden vom Bundesverfassungsgericht nicht unbedingt angenommen zu werden brauchen. Gerade deshalb aber ist es nötig, die Strafprozeßordnung so auszulegen, daß sie selbst ausreichenden Grundrechtsschutz durch die ordentlichen Gerichte gewährt.

IV. Rechtspolitischer Ausblick

1. Ursachen der Mängel im Rechtsschutz gegen strafprozessuale Grundrechtseingriffe

Betrachtet man die gesetzliche Behandlung der erörterten Probleme aus rechtspolitischer Sicht, so fällt auf die Strafprozeßordnung ein wenig günstiges Licht. Ihre Regelung erscheint planlos, unübersichtlich und lückenhaft. Es zeigte sich mehrfach, daß das Strafprozeßrecht — einst Wegbereiter freiheitlichen Verfassungsdenkens — beim Rechtsschutz gegen Grundrechtseingriffe seine rechtsstaatliche Führungsrolle an das Verwaltungsprozeßrecht verloren hat. Das liegt daran, daß der Gesetzgeber von 1877 die Wirksamkeit der präventiven richterlichen Grundrechtssicherung überschätzte und beim nachträglichen Rechtsschutz weithin einer Konzeption folgte, die den an Art. 19 Abs. 4 GG orientierten Maßstäben des Verwaltungsprozeßrechts nicht mehr genügt.

Die präventive Einschaltung des Richters ist die tragende Säule des Rechtsschutzsystems der Strafprozeßordnung. Sie ist sicherlich auch ein unverzichtbarer Ersatz für die Versagung vorgängigen rechtlichen Gehörs bei überraschenden Eingriffen, wie sie im Strafverfahren häufig sind. Einen vollkommenen Ausgleich kann die richterliche Präventivkontrolle aber nur bieten, wenn das rechtliche Gehör nachholbar ist und wirklich bei allen überraschenden Grundrechtsbeeinträchtigungen eine richterliche Anordnung erfolgen würde. Der ersten Forderung kann noch durch eine Korrektur der zu § 33 StPO verbreiteten Doktrinen genügt werden[218]. Die zweite wird jedoch von der derzeitigen Fassung des Gesetzes nicht durchweg erfüllt[218a].

Vielfach stehen dem auch Sachzwänge entgegen. Denn strafprozessuale Grundrechtseingriffe sind oft eilbedürftig; es fehlt in solchen Fällen den Strafverfolgungsbehörden an Zeit, den Richter einzuschalten. Die Strafprozeßordnung trägt diesem Umstand dadurch Rechnung, daß sie in den §§ 81 a und c, 98, 100, 100 b, 105 und 127 bei Gefahr im Verzuge der Staatsanwaltschaft und der Polizei eine Notzuständigkeit einräumt. Bei vielen Eingriffsnormen wird in der Praxis aber von dieser Notbefugnis weit häufiger Gebrauch gemacht, als daß der Richter eingeschaltet wird. Das ist für die Haussuchung mit Zahlenmaterial belegt worden[219] und

---
[218] S. oben III B 3.
[218a] S. oben II 2 c.
[219] *Neidhard*, DRZ 1949/204 f.

1. Ursachen der Mängel im Rechtsschutzsystem

dürfte jedenfalls bei körperlichen Untersuchungen (Blutproben!)[220] und körperlichen Durchsuchungen kaum anders sein. Mit einer solchen Umkehrung der strafprozessualen Zuständigkeitsverteilung[221] hat der Gesetzgeber von 1877 so wenig gerechnet, daß er sich um den nachträglichen Rechtsschutz gegen die Strafverfolgungsbehörden kaum gekümmert hat. Er trug zwar dafür Sorge, daß der von einer Verhaftung oder Beschlagnahme Überraschte den Richter erreichen kann, solange die aktuelle Beeinträchtigung der Freiheit oder des Eigentums andauert. Bei flüchtigeren Akten aber ließ er den Bürger weithin ohne vergleichbaren Schutz. Wie erwähnt kann hier auch oft wegen der Erledigung des Eingriffs nur noch eine fortwirkende Beeinträchtigung des allgemeinen Persönlichkeitsrechts gerügt werden und dieses Recht war im 19. Jahrhundert noch nicht anerkannt[221a].

Die einzige umfassende Regelung, die einer nachträglichen Grundrechtssicherung dient, ist nach der Konzeption der Strafprozeßordnung das Klageerzwingungsverfahren. Dafür muß man dieses im Zusammenhang mit der Aufstellung von Amtsdelikten zum Schutze des Einzelnen sehen. Die Forderung, den grundrechtsverletzenden Beamten zu bestrafen, entstammt der französischen Revolution; sie legte sie sogar in ihren Verfassungen und Menschenrechtserklärungen nieder[222]. Der deutsche Liberalismus nahm die Forderung auf[223] und gab ihr seit dem preußischen Strafgesetzbuch von 1851 breiten Raum[224]. Zusammen mit der Befugnis, ein Strafverfahren gegen den eingreifenden Beamten zu erzwingen[225], eröffneten solche Deliktstatbestände daher eine Möglichkeit, die Rechtmäßigkeit einer Grundrechtsbeeinträchtigung im Strafverfahren nachträglich überprüfen zu lassen.

Ein effektiver Schutz der Grundrechte ist so aber nicht zu erreichen. Einmal leidet diese Art der Grundrechtssicherung an einem sachwidrigen

---

[220] Dazu *Dzendzalowski* (Anm. 36) S. 58.
[221] Zu ihr vgl. auch *Welp* (Anm. 86) S. 106 f., insbes. S. 110.
[221a] Vgl. dazu *Evers*, Festschrift für Reinhardt (1972) S. 377 ff. (378) m. w. N.
[222] Vgl. Art. 7 S. 2 der Menschenrechtserklärung von 1789; Art. 170 der Verfassung von 1791; Art. 12 des Entwurfs einer Menschenrechtserklärung und Art. 331 des Entwurfs einer Verfassung der Girondisten; Art. 12 der Menschenrechtserklärung der Verfassung von 1793; Art. 9 der Menschenrechtserklärung und Art. 231 der Verfassung von 1795. Nachweise bei *Duguit/Monnier/Bonnard/Berlia*, Les Constitutions et les principales lois politiques de la France (7. ed. 1952) S. 2, 27, 34, 59, 63, 73, 96.
[223] Vgl. die *Anmerkungen zum Strafgesetzbuch für das Königreich Bayern* (1838) Bd. 3 S. 187; dazu *Würtenberger*, Das System der Rechtsgüterordnung in der deutschen Strafgesetzgebung seit 1532 S. 235. S. auch *Liszt-Schmidt*, Lehrbuch des Deutschen Strafrechts (25. Aufl. 1927) S. 816.
[224] Zum Katalog der Amtsdelikte im PrStGB v. 1851 vgl. *Stock*, Entwicklung und Wesen der Amtsverbrechen (1932) S. 196 f.
[225] Zur „politischen Bedeutung" des Klageerzwingungsverfahrens nach der StPO vgl. die Bemerkungen der Reichstagsabgeordneten *Klotz* und *Eysoldt* bei *Hahn*, Materialien zur Strafprozeßordnung Bd. II S. 1848 und 2083.

Individualismus. Das Strafrecht kann auf das Erfordernis individueller Zurechnung nicht verzichten. Grundrechtsschutz aber ist Schutz des Einzelnen gegen die staatliche Bürokratie, und Bürokratien pflegen Verantwortlichkeiten gerade auf mehrere Personen zu verteilen. Für den Außenstehenden, der nach individueller Verantwortlichkeit sucht, verliert sich daher die Spur hier nur allzu rasch im Ungewissen, zumal nach dem Stand der Strafgesetzgebung in aller Regel Vorsatz nachgewiesen werden muß[226]. Hinzu kommt, daß zwischen Strafrichtern und Beamten der Strafverfolgungsbehörden so etwas wie ein „Kontaktsystem" i. S. *Luhmanns*[227] besteht. Das Arbeitsfeld beider Personengruppen überschneidet sich, man sieht sich häufig und ist in einer im Einzelnen schwer voraussehbaren Weise voneinander abhängig[228]. Ein solches „Kontaktsystem" läßt erwarten, daß Strafrichter für die beruflichen Fährnisse von Strafverfolgungsbeamten viel Verständnis aufbringen, zu viel, als daß sie große Lust verspüren würden, auf sie verschärfte Strafbestimmungen anzuwenden.

Wirksamer Grundrechtsschutz setzt daher voraus, daß statt eines einzelnen Beamten die staatliche Bürokratie als solche zur Verantwortung gezogen werden kann. Diese Entwicklungsstufe wurde in Deutschland erst im letzten Drittel des vorigen Jahrhunderts erreicht, als zunächst *Baden* und bald nach ihm andere deutsche Staaten die Verwaltungsgerichtsbarkeit einführten[229]. Vor den Verwaltungsgerichten geht es nicht mehr um das schuldhafte Verhalten eines Einzelnen, sondern um den rechtswidrigen Akt einer staatlichen Behörde[230]. Als die Strafprozeßordnung geschaffen wurde, steckte die neue Institution aber noch ganz in den Anfängen. Die Funktion eines Vorbildes für andere Gerichtszweige konnte das Verwaltungs- und Verwaltungsprozeßrecht zu dieser Zeit noch nicht übernehmen; eher war es umgekehrt. Deshalb haben die älteren Materien des Straf- bzw. Strafprozeßrechts und des Zivilrechts den Individualismus bei der Beurteilung von Behördenhandeln bis heute noch nicht völlig überwunden. Notdürftige Korrekturen kamen von außen: im Zivilrecht durch die aus der Verfassung abgeleitete Lehre vom enteignungsgleichen Eingriff, die es erlaubt, vielfach von

---

[226] Zu den Schwierigkeiten der Durchsetzung strafrechtlicher Normen in Organisationen vgl. im einzelnen *Ott*, Jahrbuch für Rechtssoziologie und Rechtstheorie, Bd. III (1972) S. 345 f. (356 f.).

[227] *Luhmann*, Legitimation durch Verfahren (2. Aufl. 1975) S. 75 ff.

[228] Vgl. zu diesen Voraussetzungen eines „Kontaktsystems" *Luhmann* a.a.O.

[229] Zur Geschichte der Verwaltungsgerichtsbarkeit in Deutschland vgl. *Drews/Wacke/Vogel/Martens* Gefahrenabwehr (1975) S. 361 f.; *Menger* in *Bettermann/Nipperdey/Scheuner* (Hrsg.), Die Grundrechte III 2 S. 717 f. (718 ff.).

[230] Zur Entwicklung dieser Zurechnungsform aus individuellen Verantwortlichkeiten vgl. *Erichsen*, Verfassungs- und verwaltungsgeschichtliche Grundlagen der Lehre vom fehlerhaft belastenden Verwaltungsakt und seiner Aufhebung im Prozeß (1971) S. 55 f., 188 f.

dem nach § 839 BGB erforderlichen Verschulden abzusehen[231], im Strafprozeßrecht durch die §§ 23 ff. EGGVG. Wie erwähnt, ist der Rechtsschutz nach dem EGGVG aber schwächer ausgestaltet als in der Verwaltungsgerichtsordnung, und zudem wurden die neuen Rechtsschutzbestimmungen mit den Regeln der Strafprozeßordnung nicht integriert, so daß hieraus neue Probleme und Hemmnisse entstanden.

Die Strafprozeßrechtswissenschaft hat diesen unbefriedigenden Stand der Gesetzgebung bislang kaum kritisiert[232]. Für den Rechtsschutz gegen strafprozessuale Grundrechtseingriffe hat sie — wie eingangs bereits angedeutet — überhaupt nur wenig Interesse aufgebracht. Wer eines der neueren Lehrbücher des Strafverfahrensrechts aufschlägt, wird darin vergeblich nach einem entsprechenden Abschnitt suchen. Ein namhafter Kommentar begnügt sich gar bei manchen Eingriffsnormen noch immer mit dem Hinweis auf die Möglichkeit einer Dienstaufsichtsbeschwerde[233].

Die wissenschaftlichen Bemühungen um die Grundrechtssicherung im Strafverfahren richteten sich in neuerer Zeit vorzugsweise auf die Lehre von den Beweisverboten[234]. So weit man solche Verbote aber auch ausdehnen mag — stets ergreifen sie einen engeren Kreis von staatlichen Maßnahmen als der Grundrechtsschutz in einem besonderen Rechtsschutzverfahren. Denn ihre Schutzwirkung endet spätestens dort, wo ein Eingriff sich als erfolglos erweist oder es aus anderen Gründen nicht zu einem Hauptverfahren kommt. Die Regeln des Strafverfahrensrechts schaffen eben kein in sich geschlossenes Handlungssystem, das allein durch eine Einwirkung auf die Prozeßchancen der Beteiligten stabilisiert werden kann. Die Strafprozeßordnung ermächtigt vielmehr auch zu Maßnahmen, deren Wirkungen so weit über den Rahmen des Hauptverfahrens hinausreichen, daß sie mit den Mitteln, die diesem immanent sind, nicht mehr beseitigt werden können.

2. Zur Reform des Rechtsschutzes gegen strafprozessuale Grundrechtseingriffe

Die Folge der Vernachlässigung des Rechtsschutzes gegen strafprozessuale Grundrechtseingriffe in Gesetzgebung und Wissenschaft ist,

---

[231] Grundlegend *BGHZ* 6/270 (290 f.); vgl. auch *BMJ/BMI* (Hrsg.) Reform des Staatshaftungsrechts („Kommissionsbericht") 1973 S. 38 ff.

[232] Vgl. aber *Dünnebier* in *Löwe/Rosenberg/Dünnebier* § 33 a StPO Anm. 6; § 100 b StPO Anm. 7; *Schäfer* in *Löwe/Rosenberg/Schäfer* Anm. 3 vor § 23 EGGVG; *Welp* (Anm. 86) S. 106 f.

[233] *Müller/Sax*, § 81 a StPO Anm. 10 c; § 81 c StPO Anm. 9.

[234] *Peters*, Vhdlgn. d. 46. DJT (1966) Bd. 1, Teil 3 A, S. 91 ff. (100 f.); *Rupp* a.a.O. S. 165 ff. (175 f.); *Klug*, Vhdlgn. d. 46. DJT (1966) Bd. 2, Teil F, S. 30 ff. (37 ff.); *Grünwald* JZ 1966/489 (495); *Spendel*, NJW 1966/1102 (1106); *Otto* GA 1970/289 (292); *Petry*, Beweisverbote im Strafprozeß (1970) S. 142 ff.

daß das Publikum der Strafverfolgungsbehörden erheblich schlechter da steht als die Klientel anderer Verwaltungen[235]. Klagearten, die in Verwaltungsgerichtsgesetzen selbstverständlich sind, werden dem Betroffenen versagt und in bedeutsamen Fällen wird ihm ein Rechtsweg zugemutet, der umständlicher und ärmer an Instanzen ist als der Verwaltungsprozeß. Noch nicht einmal eine allgemeine Pflicht zur Rechtsmittelbelehrung ist vorgesehen, obgleich sie wegen der Unübersichtlichkeit des strafprozessualen Rechtsschutzes und der niedrigen sozialen Herkunft vieler Betroffener[236] besonders wichtig wäre. Dieser Befund paßt zwar in das Bild, das die Sozialwissenschaften von der Behandlung des Kriminellen (bzw. dessen, den man dafür hält) durch die Gesellschaft zeichnen[237], entspricht aber gewiß nicht den Gerechtigkeitspostulaten, die der Gesetzgeber zu verwirklichen trachtet.

Eine *Reform* des Rechtsschutzes gegen strafprozessuale Grundrechtseingriffe ist daher unerläßlich. Ihre Ziele bedürfen nach dem Vorangegangenen keiner besonderen Erläuterung: es geht um eine Vereinheitlichung der über die StPO und das EGGVG verstreuten Rechtsschutznormen sowie um eine Angleichung des Rechtsschutzes an den Stand des Verwaltungsprozeßrechts. Freilich muß dabei auf die Zwecke und Besonderheiten des Strafverfahrens Bedacht genommen werden.

a) Rechtsschutz gegen Eingriffe der Ermittlungsbehörden

Notwendig ist zunächst, den Rechtsschutz gegen *Grundrechtseingriffe der Ermittlungsbehörden* in einem eigenen Abschnitt zu regeln, der die einzelnen Eingriffsnormen vom Ballast jeweils eigener Rechtsschutznormen entlastet.

aa) Im Mittelpunkt dieses Abschnittes muß die *Befugnis des Amtsrichters* stehen, *alle rechtswidrigen Grundrechtseingriffe der Staatsanwaltschaft und der Polizei aufzuheben*, die auf einer Ermächtigung in der Strafprozeßordnung beruhen. Zugleich ist vorzuschreiben, daß der Richter auf Antrag die Ermittlungsbehörden zur Beseitigung der Vollzugsfolgen zu verurteilen hat[238]. Schließlich ist ausdrücklich zu bestimmen, daß der Richter bei Vorliegen eines berechtigten Interesses die Rechtswidrigkeit eines solchen Aktes feststellt, wenn dieser sich vor oder während des Rechtsschutzverfahrens erledigt hat.

---

[235] S. dazu oben bei Anm. 109.
[236] Zum überdurchschnittlichen Anteil von Unterschichtenangehörigen im Publikum der Strafverfolgungsorgane vgl. *Kaiser*, (Anm. 141) S. 77, 106, 120.
[237] S. dazu die oben Anm. 141 angegebene Literatur.
[238] Eine solche Vorschrift kann die selbständige Regelung einer Leistungsklage ersetzen, wie ich sie in JZ 1975/529 zur Durchsetzung des Anspruches auf Folgenbeseitigung vorgeschlagen habe. Vorbild sind die §§ 113 Abs. 1 S. 2 und 3 VwGO/28 Abs. 1 S. 2 und 3 EGGVG.

2. Reformvorschläge

Der entscheidende Vorteil einer solchen allgemeinen Zuständigkeit des Amtsrichters liegt darin, daß der aufwendige Rechtsweg zum Oberlandesgericht bei strafprozessualen Grundrechtseingriffen entfällt. Wo die Anrufung des Landgerichts dem Gesetzgeber angemessener erscheint wie in den Fällen der §§ 161 a Abs. 3 / 163 a Abs. 3 StPO, wäre dies im Zusammenhang mit dem konkreten Eingriff zu bestimmen.

Ein weiterer Vorteil der vorgeschlagenen Zuständigkeitsregelung ist, daß innerhalb der Strafprozeßordnung der Rechtsweg gegen Ermittlungshandlungen und präventivpolizeiliche Maßnahmen einheitlich geregelt wird. Nach geltendem Recht muß der Betroffene gegen Maßnahmen des kriminalpolizeilichen Erkennungsdienstes nach § 81 b StPO das Verwaltungsgericht anrufen[239]; da sich in solchen Akten häufig Zwecke der Ermittlung mit Zwecken der Gefahrenabwehr überschneiden, ist der Betroffene u. U. gezwungen, wegen ein und desselben Eingriffs zwei Gerichte anzurufen. Bei einer Formalisierung der Entscheidungszuständigkeit des Amtsrichters, die alle Ermächtigungen in der Strafprozeßordnung umfaßt, würde diese Aufspaltung des Rechtsweges entfallen.

Die vorgeschlagene Lösung reicht allerdings nicht aus, um eine Rechtswegspaltung in *allen* Fällen zu verhindern, in denen sich Zwecke der Strafprozeßverfolgung mit präventivpolizeilichen Zielen verbinden[240]. Denn die weitaus meisten präventivpolizeilichen Eingriffsermächtigungen finden sich außerhalb der Strafprozeßordnung. Deshalb bleibt zu überlegen, ob man nicht in die allgemeine Zuständigkeitsnorm eine ergänzende Bestimmung aufnehmen sollte, die dem Amtsrichter die umfassende Jurisdiktion über *jeden* Eingriff anvertraut, bei dem sich Zwecke der Ermittlung mit solchen der Gefahrenabwehr überschneiden. Eine solche Lösung liegt umso näher, als das präventive Ziel auch bei solchen Maßnahmen meist in der Verhinderung weiterer Straftaten oder Ordnungswidrigkeiten liegen dürfte. Die Zuständigkeit der Verwaltungsgerichte würde also nur in einem Sachbereich eingeschränkt, bei dem man ohnehin darüber streiten kann, ob er nicht dem Tätigkeitsfeld der Strafgerichte näher steht.

Nach Erhebung der Anklage sollte die Entscheidungsbefugnis vom Amtsrichter auf das Gericht der Hauptsache übergehen. Dadurch würden umständliche Parallelverfahren vermieden. Zugleich wäre zu bestimmen, daß das mit der Hauptsache befaßte Gericht über die Rechtmäßigkeit des Eingriffs zusammen mit dem Urteil entscheiden kann. Auf diese Weise könnten alle Kenntnisse, die das Gericht in der Hauptverhandlung erwirbt, für diese Entscheidung fruchtbar gemacht werden

---

[239] S. oben Anm. 95.
[240] Zu dieser Rechtswegspaltung nach geltendem Recht vgl. *BVerwG* JZ 1975/523 (526); *Amelung* JZ 1975/526 (528).

und zugleich würden widersprüchliche Beurteilungen ausgeschlossen, die beweisrechtlich zu Peinlichkeiten führen könnten.

bb) Die *Vorschriften über die Ausgestaltung des Rechtsschutzes* sollten sich grundsätzlich an der Verwaltungsgerichtsordnung, insbes. an den §§ 81 ff. VwGO orientieren. Eine entsprechende Anwendung der §§ 306-309 und 311 a StPO, wie sie zur Zeit in §§ 62 OWiG / 161 a Abs. 3 S. 3 / 163 a Abs. 3 S. 3 StPO und mit Einschränkungen auch in § 29 Abs. 2 EGGVG vorgesehen ist, erscheint wenig angebracht. Das Beschwerderecht ist auf die Überprüfung einer *gerichtlichen* Entscheidung zugeschnitten, im vorliegenden Zusammenhang geht es dagegen um die Kontrolle *behördlicher* Maßnahmen. Die entsprechende Anwendung des § 306 Abs. 1 S. 1 StPO gefährdet deshalb die Rechtsschutzinteressen des Bürgers und § 309 Abs. 1 StPO bringt ihn um die mündliche Verhandlung, die in § 101 VwGO grundsätzlich vorgeschrieben ist. Andererseits ist eine analoge Heranziehung des § 309 Abs. 2 StPO unter dem Gesichtspunkt der Teilung der Gewalten fragwürdig, weil diese Vorschrift dem Gericht gestattet, seine Entscheidung an die Stelle der Entscheidung der Ermittlungsbehörden zu setzen. Außerdem fehlt bei der einfachen Beschwerde eine Rechtsmittelfrist, deren Ablauf der Staatsanwaltschaft und der Polizei die Sicherheit gibt, daß ihr Eingriff endgültig unanfechtbar ist.

Zu fordern sind nach dem Gesagten also insbesondere:

1. eine mündliche Verhandlung, von der lediglich dann abzusehen ist, wenn der Betroffene sich ausdrücklich damit einverstanden erklärt;
2. eine Rechtsmittelfrist, die wie in §§ 68 /74 VwGO / 26 EGGVG auf 4 Wochen zu bemessen ist;
3. eine Verpflichtung der Ermittlungsbehörden zur Erteilung einer schriftlichen Rechtsmittelbelehrung und zwar auch dann, wenn nur eine mündliche Anordnung erteilt wurde;
4. eine Sanktionierung der unter 3 genannten Pflicht durch Entfall der Rechtsmittelfrist bei unterlassener oder unrichtiger Belehrung.

Das Vorverfahren nach §§ 68 ff. VwGO sollte dagegen nicht übernommen werden. Es könnte zu unangemessenen Verzögerungen der Hauptverhandlungen führen. Doch sollte der Richter, der über die Rechtmäßigkeit eines Grundrechtseingriffs entscheidet, der beklagten Behörde Gelegenheit geben, binnen einer bestimmten Frist dem Begehren des Betroffenen selbst abzuhelfen, sofern nicht besondere Eile eine sofortige gerichtliche Entscheidung erfordert.

Aus Gründen der Beschleunigung des Strafverfahrens wäre es auch untunlich, aus dem Verwaltungsprozeßrecht die aufschiebende Wirkung eines Rechtsmittels gegen Grundrechtseingriffe in die Strafprozeßord-

2. Reformvorschläge

nung zu übertragen. In diesem Falle ist die Übernahme des § 307 StPO sinnvoller.

cc) Fraglich ist, inwieweit man die Einleitung des Rechtsschutzverfahrens der *Initiative des Betroffenen* überlassen soll.

Aus der herkömmlichen liberalen Sichtweise der Strafprozeßordnung ist dieses Problem zwar leicht zu lösen. Überall dort, wo der Eingriff so geartet ist, daß er dem Einzelnen die Möglichkeit zum Selbstschutz abschneidet, ist der Richter von den Ermittlungsbehörden automatisch einzuschalten. Nach diesem Prinzip verfährt schon das geltende Recht[241], jedenfalls in den Fällen, in denen es um noch nicht abgeschlossene Beeinträchtigungen geht.

Schwieriger ist die Frage aber unter sozialstaatlichen Gesichtspunkten zu beantworten. Der bekannte „Fatalismus der Unterschichten" läßt befürchten, daß ein Großteil des Publikums der Strafverfolgungsbehörden keinen Gebrauch von einem Rechtsschutzverfahren macht, das eines Anstoßes durch den Betroffenen bedarf[242]. Es liegt daher nahe, die automatische richterliche Betätigung strafprozessualer Grundrechtseingriffe als Instrument „kompensatorischer" Verfahrensgestaltung[243] einzusetzen und ihren Anwendungsbereich entsprechend auszudehnen. Denn erst wenn der Richter alle Grundrechtseingriffe der Staatsanwaltschaft und der Polizei überprüfen müßte, würde er zum Beschützer auch jener Minderbemittelten und Eingeschüchterten, die Heimsuchungen durch die Ermittlungsbehörden als unabwendbares Schicksal hinnehmen.

Freilich würde der Richter diese Rolle nur dann wirklich ausfüllen, wenn er den Betroffenen auch hören würde; nur so kann er einen unabhängigen Standpunkt gegenüber der Begründung des Eingriffs durch die Ermittlungsbehörden gewinnen. Der Richter müßte die Betroffenen also zur Anhörung laden oder zumindest eine schriftliche Stellungnahme anfordern. Ob diejenigen, um deren Schutz es geht, von dieser Möglichkeit aber wirklich Gebrauch machen würden, ist ungewiß; denkbar ist auch, daß die Aufforderung des Gerichtes hier nur zusätzliche Furcht erzeugt und deshalb alles beim alten bleibt. Eine Antwort auf diese Frage ist nur auf der Basis von Erfahrungen möglich, die es kaum gibt[244]. Der Gesetzgeber sollte sich daher zu einem Experiment entschließen, das wegen des entstehenden Aufwandes zu befristen und auf

---
[241] S. oben II 2 b cc.
[242] Vgl. dazu *Luhmann*, Rechtssoziologie (1972) Bd. 2 S. 273 m. w. N.
[243] Vgl. dazu *Schünemann*, DRiZ 1974/278 ff. (284 ff.).
[244] Erfahrungen, die an der Wirksamkeit eines Anhörungsverfahrens der hier erörterten Art zweifeln lassen, gibt es beim Schlußgehör. Inwieweit sie auf den Rechtsschutz gegen strafprozessuale Grundrechtseingriffe übertragen werden können, ist aber nicht sicher.

eine bestimmte Art von Grundrechtseingriffen zu begrenzen wäre, bei der das „kompensatorische" Moment eines Bestätigungsverfahrens deutlich hervortritt. Zu denken wäre an einen entsprechenden Ausbau des § 98 Abs. 2 S. 1 StPO oder der Regeln über die Haussuchung, bei der einzelne Landesverfassungen ohnehin eine obligatorische richterliche Nachkontrolle vorschreiben[245].

dd) Schließlich sollte das Instrumentarium der Klagen gegen die Ermittlungsbehörden durch die Übernahme der *allgemeinen Feststellungsklage* vervollständigt werden. Ihr Anwendungsbereich ist zwar ungewiß, doch liegt gerade darin ihre Funktion: sie ist das prozessuale Instrument, um neue Rechtsfragen im Verhältnis des Bürgers zu den Ermittlungsbehörden einer gerichtlichen Entscheidung zuzuführen und kann dadurch der Fortbildung des Rechtes dienen. Der Amtsrichter wird freilich mit der Entscheidung über solche Klagen in der Regel überfordert sein. Deshalb sollte man sie in erster Instanz dem Landgericht anvertrauen. Zur Vermeidung von Unzuträglichkeiten, wie sie sich nach geltendem Recht aus dem Nebeneinander eng benachbarter Befugnisse des Amtsrichters und des Oberlandesgerichts ergeben, sollte allerdings eine Klage auf Feststellung der Nichtigkeit eines strafprozessualen Grundrechtseingriffs nicht zugelassen, sondern als Aufhebungsantrag behandelt werden[246], für den der Amtsrichter zuständig bleibt.

b) *Rechtsschutz gegen Eingriffe des Richters*

Eine Reform des Rechtsschutzes gegen strafprozessuale *Grundrechtseingriffe des Richters* erfordert relativ geringfügige Änderungen des positiven Rechts.

Notwendig ist hier in erster Linie, den verunglückten Wortlaut des § 305 StPO an die Ziele des Gesetzgebers anzupassen[247]; zumindest muß § 305 S. 2 StPO so formuliert werden, daß er dem Angeklagten ganz allgemein die Beschwerde gegen richterliche Grundrechtseingriffe im Hauptverfahren ermöglicht. Ähnlich ist der Text des § 181 GVG so zu ergänzen, daß er mit Art. 19 Abs. 4 GG im Einklang steht, d. h. die Beschwerde auch gegen grundrechtsbeeinträchtigende Maßnahmen nach §§ 176 / 177 GVG zuläßt[248]. Schließlich sollte in § 309 StPO ausdrücklich festgelegt werden, daß das Beschwerdegericht über erledigte

---

[245] Vgl. Art. 19 Abs. 2 S. 2 *Berl. Verfassung* vom 1. 9. 1950 (VOBl I S. 433); Art. 14 Abs. 3 S. 2 1. Halbs. *Brem. Verfassung* (Brem. GBl S. 251). Zum Geltungsbereich dieser Vorschriften vgl. *Gentz*, Die Unverletzlichkeit der Wohnung (1968) S. 89 ff.

[246] Vgl. dazu auch § 43 Abs. 2 S. 2 VwGO.

[247] S. dazu oben II 1 b nach Anm. 23; als Vorbild könnte § 146 Abs. 2 VwGO dienen.

[248] S. dazu oben II 1 c bei Anm. 40.

2. Reformvorschläge

Grundrechtseingriffe entscheidet, sofern der Beschwerdeführer an der Feststellung ihrer Rechtswidrigkeit ein berechtigtes Interesse hat.

Eine gesonderte Überlegung ist die Frage wert, wo der Rechtsschutz gegen strafprozessuale Grundrechtseingriffe einzuordnen ist, die der Ermittlungsrichter ohne Anhörung des Betroffenen angeordnet hat. Bei solchen Maßnahmen hat der Richter im allgemeinen so wenig Zeit zu eigenen Ermittlungen und ist deshalb so stark vom Sachvortrag der nichtrichterlichen Ermittlungsorgane abhängig, daß es wenig angemessen erscheint, ihn mit der Verantwortung für einen rechtswidrigen Eingriff zu belasten. Sinnvoller als eine Beschwerde gegen den richterlichen Eingriffstitel erscheint deshalb ein Verfahren, das sich gegen die Ermittlungsbehörde richtet, von der die Initiative zu dem Eingriff ausging; in Betracht kommen hierfür jene Regeln, die im Vorangegangenen für den Rechtsschutz gegen selbständige Grundrechtseingriffe der Staatsanwaltschaft und der Polizei vorgeschlagen wurden. Bei einer solchen Einordnung wäre der anordnende Richter zugleich für die Entscheidung in einem „Nachverfahren" zuständig. Das wäre für den Betroffenen einfacher und würde die neutrale Rolle des Ermittlungsrichters unterstreichen. Daß er wegen der voraufgegangenen Anordnung stets voreingenommen sein wird, darf man wohl kaum annehmen. In den vergleichbaren Regelungen der §§ 33 a / 114 / 115 / 125 StPO / 919 / 925 ZPO geht der Gesetzgeber schon zur Zeit davon aus, daß eine Vorentscheidung keine Voreingenommenheit erzeugt. Wo in Einzelfällen dennoch Korrekturen nötig erscheinen, werden sie durch die Zulassung eines Rechtsmittels gegen die nachträgliche Entscheidung des Ermittlungsrichters ermöglicht.

Literatur

Altenhain: Zum Rechtsschutz gegen Verwaltungsakte der Polizei bei der Strafverfolgung, Die Polizei 1963, S. 18—20.

— Die Rechtsprechung der Strafsenate zum Rechtsschutz gegen Justizverwaltungsakte auf dem Gebiete des Strafrechts, DRiZ 1964, S. 105—110, DRiZ 1966, S. 361—366, DRiZ 1970, S. 297—303.

— Die strafgerichtliche Rechtsprechung zum Rechtsschutz gegen Justizverwaltungsakte, JZ 1965, S. 756—761.

— Verwaltungsakte im Strafprozeß und in der Strafvollstreckung, JVBl, 1968, S. 1—9.

Amelung: Anm. zum Urteil des BVerwG v. 3. 12. 1974 — I c 11.73, JZ 1975, S. 523—529.

— Zur Frage der Vereinbarkeit vollstreckungsrechtlicher Durchsuchungen mit dem Richtervorbehalt des Art. 13 Abs. 2 GG, ZZP 88 (1975) S. 74—96.

— Rechtsgüterschutz und Schutz der Gesellschaft, Frankfurt 1972.

Bachof: Die verwaltungsgerichtliche Klage auf Vornahme einer Amtshandlung, 2. Aufl., Tübingen 1968.

Bärmann: Freiwillige Gerichtsbarkeit und Notarrecht, New York 1968.

Bauer: Gerichtsschutz als Verfassungsgarantie — Zur Auslegung des Art. 19 Abs. 4 GG, Berlin 1973.

Baumann: Anm. zum Urteil des BGH v. 6. 4. 1962 — 4 StR 32/62, JZ 1962, S. 609—612.

Baumbach/Lauterbach: Zivilprozeßordnung mit Gerichtsverfassungsgesetz und anderen Nebengesetzen, 32. Aufl., München 1974, 33. Aufl., München 1975.

Baur: Der Anspruch auf rechtliches Gehör, AcP 153 (1954), S. 392—412.

Becker, Howard S.: Outsiders, 4th pr., New York 1967.

Becker, Ingo: Die Klage gegen einen erledigten Verwaltungsakt im Falle eines Versammlungsverbots, MDR 1973, S. 981—983.

Beling: Deutsches Reichsstrafprozeßrecht mit Einschluß des Strafgerichtsverfassungsrechts, Berlin 1928.

Bender: Funktionswandel der Gerichte? ZRP 1974/235 ff.

Bettermann: Anm. zum Urt. des VG Braunschweig vom 15. 6. 1972 — I A 16/72 —, DVBl 1973, S. 48 f.

— Die Beschwer als Klagevoraussetzung, Tübingen 1970.

— Der Schutz der Grundrechte in der ordentlichen Gerichtsbarkeit in Bettermann/Nipperdey/Scheuner (Hrsg.), Die Grundrechte Bd. 3, 2. Halbbd., 2. Aufl., Berlin 1972, S. 779 ff.

Biede: Erlaubnis nach § 761 ZPO durch den Rechtspfleger? NJW 1974/89 ff.

Binding: Grundriß des deutschen Strafprozeßrechts, 5. Aufl., Leipzig 1904.

Blomeyer, Arwed: Zivilprozeßrecht — Erkenntnisverfahren —, Berlin 1963.

Blomeyer, Jürgen: Der Anwendungsbereich der Vollstreckungserinnerung, Rechtspfleger 1969, S. 279—287.

Bötticher: Unzulässigkeit richterlicher Rechtsfindung bei gesetzlich vorbehaltener Regelung der Materie, ZZP 75 (1962), S. 28—63.

Brandl: Streiterledigung ohne Urteil in der Hauptsache, BayVBl. 1967, S. 82—86.

Bruns: „Funktioneller" und „instrumentaler" Gehalt der Gestaltungsrechte und Gestaltungsklagerechte, ZZP 78 (1965), S. 264—286.

Brusten: Determinanten selektiver Sanktionierung durch die Polizei, in: Feest/Lautmann: Die Polizei, Oplanden 1971, S. 31—71.

Bull: Die Staatsaufgaben nach dem Grundgesetz, Frankfurt 1973.

Dohna, Graf zu: Das Strafprozeßrecht, 3. Aufl., Berlin 1929.

Drews/Wacke: Allgemeines Polizeirecht, Berlin 1961.

Drews/Wacke/Vogel/Martens: Gefahrenabwehr. (Allgem. Polizeirecht), 8. Aufl., Bd. 1, Köln 1975.

Dürig/Evers: Zur verfassungsändernden Beschränkung des Post-, Telefon- und Fernmeldegeheimnisses, Bad Homburg 1969.

Dzendzalowski: Die körperliche Untersuchung, Diss. Frankfurt 1969.

Enzian: Das richterliche und das staatsanwaltliche Vorführungsrecht, JR 1975, S. 277—281.

Erichsen: Verfassungs- und verwaltungsgeschichtliche Grundlagen der Lehre vom fehlerhaft belastenden Verwaltungsakt und seiner Aufhebung im Prozeß, Frankfurt 1971.

Evers: Das allgemeine Persönlichkeitsrecht im öffentlichen Recht und die Aufnahme von Lichtbildern zur Überwachung von Versammlungen, in: Festschrift für Rudolf Reinhardt zum 70. Geburtstag, Köln-Marienburg, 1972, S. 377 ff.

Eyermann/Fröhler: Verwaltungsgerichtsordnung, 6. Aufl., München 1974.

Feest/Blankenburg: Die Definitionsmacht der Polizei, Düsseldorf 1972.

v. Feldmann: Nochmals: Rechtsschutz gegen Strafverfolgungsmaßnahmen der Polizei, VerwArch 62 (1971), S. 169—176.

v. Finkelnburg: Anm. zum Beschluß des VG Freiburg i. Br. vom 7. 8. 1964 — VS II 246/64 —, DVBl 1965, S. 577.

Forsthoff: Lehrbuch des Verwaltungsrechts, Bd. 1, Allgemeiner Teil, 10. Auflage, München 1973.

Fuhrmann: Das Beanstandungsrecht des § 238 II StPO GA 1963, S. 65—81.

Fuß: Rechtsfragen des polizeilichen Erkennungsdienstes, in: Festschrift für Gerhard Wacke zum 70. Geburtstag, Köln 1972, S. 305—327.

Geerds: Über die Festnahme von Störern nach § 164 StPO, in: Festschrift für Reinhard Maurach, Karlsruhe 1972, S. 517—533.

Gentz: Die Unverletzlichkeit der Wohnung, Berlin 1968.

Genzel: Zulässigkeit des Rechtswegs gegen Maßnahmen der Staatsanwaltschaft nach § 81 a StPO, NJW 1969, S. 1562—1566.

Gerland: Der deutsche Strafprozeß, Berlin 1927.

Goergen: Die organisationsrechtliche Stellung der Staatsanwaltschaft zu ihren Hilfsbeamten und zur Polizei, Bonn 1973.

Goffman: Über Ehrerbietung und Benehmen, in ders. Interaktionsrituale, Frankfurt 1973, S. 54 ff.

— Entfremdung in der Interaktion, in ders. Interaktionsrituale, Frankfurt 1973, S. 124 ff.

— Stigma. Über Techniken der Bewältigung beschädigter Identität, Frankfurt 1967.

— Techniken der Imagepflege, in ders., Interaktionsrituale, Frankfurt 1973, S. 10 ff.

Göhler: Gesetz über Ordnungswidrigkeiten, 4. Aufl., München 1975.

Götz: Allgemeines Polizei- und Ordnungsrecht, 3. Aufl., Göttingen 1975.

Goldschmidt: Der Prozeß als Rechtslage, Berlin 1925.

— Ungerechtfertigter Vollstreckungsbetrieb, München 1910.

Grünwald: Beweisverbote und Verwertungsverbote im Strafverfahren, JZ 1966, S. 489—501.

Haffke: Zum Rechtsschutz bei bevorstehender richterlicher Durchsicht beschlagnahmefreier Papiere, NJW 1974, S. 1983—1985.

Hahn: Die gesamten Materialien zu dem Gerichtsverfassungsgesetz und dem Einführungsgesetz zu demselben, Berlin 1879.

— Die gesamten Materialien zur Straßprozeßordnung und dem Einführungsgesetz zu derselben, Bd. 1, Berlin 1880, Bd. 3, 2. Abt. Berlin 1881.

Henkel: Strafverfahrensrecht, 2. Aufl., Stuttgart 1968.

Henze: Genehmigung der Vollstreckung zur Nachtzeit sowie an Sonn- und Feiertagen (§ 761 ZPO) durch den Rechtspfleger, Rechtspfleger 1971, S. 10 f.

v. Hippel: Der deutsche Strafprozeß, Marburg 1941.

Hirsch: Ehre und Beleidigung, Karlsruhe 1967.

Hoffmann-Riem: Rechtsanwendung und Selektion, JZ 1972, S. 297—302.

Hofmann: Sitzungspolizei im Strafprozeß, Diss. Frankfurt 1971.

Hruschka: Anm. zum Urt. des OLG Stuttgart v. 11. 12. 1968, NJW 1969, S. 1310 bis 1312.

Jakobs: Verfassungsbeschwerde gegen die Art der Begründung gerichtlicher Entscheidungen, JZ 1971, S. 279—284.

Kaiser, Eberhard: Die Bedeutung der §§ 23—30 EGGVG, insbesondere für Entscheidungen der Staatsanwaltschaft, NJW 1961, S. 200—203.

— Gerichtliche Überprüfung von Entscheidungen der Staatsanwaltschaft im Strafverfahren, NJW 1961, S. 1101.

Kaiser, Günther: Kriminologie, 2. Aufl., Karlsruhe 1973.

Kalsbach: Die gerichtliche Nachprüfung von Maßnahmen der Staatsanwaltschaft im Strafverfahren, Berlin 1967.

Kern/Roxin: Strafverfahrensrecht, 13. Auflage, München 1975.

Kleinknecht: Strafprozeßordnung, 32. Aufl., München 1975.

Klug: Beweisverbote im Strafprozeß, Vhdlgn. d. 46. DJT, Bd. 2, Sitzungsberichte, Teil F, München 1967, S. 30—61.

Kopp: Verwaltungsgerichtsordnung, München 1974.

Krause, Peter: Rechtsformen des Verwaltungshandelns, Berlin 1974.
Krause, Winfried: V-Leute und die Verwertung ihrer Nachrichten im strafgerichtlichen Verfahren, Diss. Berlin 1969.
v. Kries: Lehrbuch des Deutschen Strafprozeßrechts, Freiburg 1892.
Lampe: Ermittlungszuständigkeit von Richter und Staatsanwalt nach dem 1. StVRG, NJW 1975, S. 195—199.
Lechner: Bundesverfassungsgerichtsgesetz, 3. Aufl., München 1973.
Lemert: Social Pathology. A systematic approach to the theory of sociopathic behavior, New York 1951.
Lerche: Zum „Anspruch auf rechtliches Gehör", ZZP 78 (1965), S. 1—31.
Liszt-Schmidt: Lehrbuch des Deutschen Strafrechts, 25. Aufl., Berlin 1927.
v. Löbbecke: Begriff und Wesen der Beschwer im strafprozessualen Rechtsmittelverfahren, Diss. Mannheim 1972.
Lorenz: Der Rechtsschutz des Bürgers und die Rechtsweggarantie, München 1973.
Löwe-Rosenberg: Die Strafprozeßordnung und das Gerichtsverfassungsgesetz. Großkommentar, bearbeitet von Dünnebier, Gollwitzer, Kohlhaas, Sarstedt und Karl Schäfer, 22. Aufl. Bd. 1 Berlin 1971, Bd. 2 Berlin 1973, Bd. 3 Berlin 1974.
Luhmann: Grundrechte als Institution, Berlin 1965.
— Legitimation durch Verfahren, 2. Aufl., Neuwied 1975.
— Rechtssoziologie, Hamburg 1972.
Markworth: Rechtsschutz gegen eigenverantwortliche Strafverfolgungsmaßnahmen der Polizei, DVBl 1975, S. 575—579.
Martens: Die Klagearten im Verwaltungsprozeß, DÖV 1970, S. 476—482.
Maunz/Dürig/Herzog: Grundgesetz, Kommentar, München 1974.
Menger: Der Schutz der Grundrechte in der Verwaltungsgerichtsbarkeit in Bettermann/Nipperdey/Scheuner (Hrsg.) Die Grundrechte Bd. 3, 2. Halbbd., 2. Aufl. 1972, S. 717 ff.
— System des verwaltungsgerichtlichen Rechtsschutzes, Tübingen 1954.
Menger/Erichsen: Höchstrichterliche Rechtsprechung zum Verwaltungsrecht, VerwArch. Bd. 59 (1968), S. 67—84.
Meyer, Dieter: Rechtsschutz gegen Maßnahmen der Polizei im Strafermittlungsverfahren, JuS 1971, S. 294 f.
Müller, Klaus: Die sekundäre Feststellungsklage nach der Verwaltungsgerichtsordnung (§ 113, Abs. 1 Satz 4) DÖV 1965, S. 38—44.
Müller/Sax: Kommentar zur Strafprozeßordnung und zum Gerichtsverfassungs- und Ordnungswidrigkeitengesetz, 6. Aufl., Darmstadt 1966.
Neidhard: Polizeiliche Durchsuchungen, DRZ 1949, S. 204.
Niese: Doppelfunktionelle Prozeßhandlungen, Göttingen 1950.
Oberthür: Rechtsunwirksame Beschlüsse nach § 761 ZPO, NJW 1963, S. 2112 ff.
Ohndorf: Die Beschwer und die Geltungsmachung der Beschwer als Rechtsmittelvoraussetzung im deutschen Zivilprozeßrecht, Berlin 1972.
Opp: Die „alte" und die „neue" Kriminalsoziologie, Krim. Journ. 4 (1972), S. 32—52.

Ott: Die soziale Effektivität des Rechts bei der politischen Kontrolle der Wirtschaft, in: Jahrbuch für Rechtssoziologie und Rechtstheorie, Bd. III, Düsseldorf 1972, S. 345—409.

Otto: Grenzen und Tragweite der Beweisverbote im Strafverfahren, GA 1970, S. 289—305.

Peters: Anm. zum Beschluß des KG v. 8. 9. 1971 — 2 VAs 43/70, JR 1972, S. 297—300.

— Anm. zum Beschluß des OLG Celle v. 4. 1. 1973 — 2 Ws 31/72 und 72/72, JR 1973, S. 341—344.

— Beweisverbote im deutschen Strafverfahren, in: Vhdlgn. d. 46. DJT, Bd. 1, Gutachten, Teil 3 A, München 1966, S. 91—163.

— Strafprozeß, 2. Aufl., Karlsruhe 1966.

Petry: Beweisverbote im Strafprozeß, Diss. Saarbrücken 1970.

Rasehorn: Recht und Klassen. Zur Klassenjustiz in der Bundesrepublik Deutschland, Neuwied 1974.

Rebmann/Roth/Herrmann: Gesetz über Ordnungswidrigkeiten (OWiG), Stuttgart 1974.

Redeker/v. Oertzen: Verwaltungsgerichtsordnung, 4. Aufl., Stuttgart 1971.

Renck: Verwaltungsakt und Feststellungsklage, JuS 1970, S. 113—118.

Rietdorf/Heise/Böckenförde/Strehlau: Ordnungs- und Polizeirecht in Nordrhein-Westfalen, 2. Aufl., Stuttgart 1972.

Rupp: Grundfragen der heutigen Verwaltungsrechtslehre, Tübingen 1965.

Ruscheweyh: Gedanken zum Rechtsweg in Justizverwaltungsangelegenheiten, DVBl 1958, S. 686—691.

Sack: Definition von Kriminalität als politisches Handeln: der labeling approach, Krim. Journ. 4 (1972), S. 3—31.

Samper: Anm. zum Urteil des Bay.Verw.GH vom 15. 11. 1966, Bay.VBl 1967, S. 97—99.

Schenke: Anm. zum Urteil des BVerwG v. 3. 12. 1974 I c 11/73, NJW 1975 S. 1529.

— Klage gegen erledigten Verwaltungsakt ohne Widerspruchsverfahren, Bay.VBl. 1969 S. 304—307.

— Nochmals: Rechtsschutz gegen Strafverfolgungsmaßnahmen der Polizei, Verw.Arch. 62 (1971), S. 176—180.

— Rechtsschutz gegen Strafverfolgungsmaßnahmen der Polizei, Verw.Arch. 60 (1969), S. 332—355.

Schmidt, Eberhard: Anklageerhebung, Eröffnungsbeschluß, Hauptverfahren, Urteil — Betrachtungen zur Strafprozeßreform —, NJW 1963, S. 1081—1089.

— Lehrkommentar zur Strafprozeßordnung und zum Gerichtsverfassungsgesetz, Teil 1 (2. Aufl.), Göttingen 1964, Teil 2, Göttingen 1957.

— Der Vorführungsbefehl des Ermittlungsrichters — Androhung und Vollzug, JZ 1968, S. 354—363.

Schmidt, Walter: Die Freiheit vor dem Gesetz, AöR 91 (1966), S. 42 ff.

Schrödter: Anm. zum Urteil des BVerwG vom 15. 12. 1972 — IV C 18, 71 —, DVBl 1973, S. 365 f.

Schünemann: Selektion durch Verfahren? Die Bedeutung des labeling approach für unser Strafverfahren, DRiZ 1974, S. 278—285.

Spendel: Beweisverbote im Strafprozeß, NJW 1966, S. 1102—1108.

Stein/Jonas: Kommentar zur Zivilprozeßordnung 3. Bd., 19. Aufl., bearbeitet von Grunsky, Leipold, Münzberg, Schlösser, Schumann, Tübingen 1975.

Stephan: Rechtsschutzbedürfnis auch im Strafprozeß? NJW 1966, S. 2394.

Stock: Entwicklung und Wesen der Amtsverbrechen, Leipzig 1932.

Strubel/Sprenger: Die gerichtliche Nachprüfbarkeit staatsanwaltschaftlicher Verfügungen, NJW 1972, S. 1734—1739.

Tietgen: Rechtsschutz gegen Justizverwaltungsakte, NJW 1956, S. 1129—1134.

Ule: Verwaltungsprozeßrecht, 6. Aufl., München 1975.

Ule/Rasch: Allgemeines Polizei- und Ordnungsrecht, Köln 1965.

Welp: Die strafprozessuale Überwachung des Post- und Fernmeldeverkehrs, Heidelberg 1974.

Zuck: Die Erledigung des Rechtsstreites im Verfassungsbeschwerdeverfahren, ZZP 78 (1965), S. 323—345.

— Verfassungsbeschwerde und einstweilige Anordnung gem. §§ 90, 32 BVerfGG, München 1973.

Entscheidungsregister

Verfassungsgerichte

BVerfG 4 S. 74 ff., Beschl. v. 21. 10. 1954, Anm. 37
BVerfG 4 S. 205 ff., Beschl. v. 7. 7. 1955, Anm. 37
BVerfG 6 S. 7 ff., Beschl. v. 8. 10. 1956, Anm. 147
BVerfG 6 S. 32 ff., Urteil v. 16. 1. 1957, Anm. 12, 13
BVerfG 6 S. 389 ff., Urteil v. 10. 5. 1957, Anm. 13
BVerfG 8 S. 174 ff., Beschl. v. 10. 6. 1958, Anm. 37
BVerfG 9 S. 89 ff., Beschl. v. 8. 1. 1959, Anm. 1, 2, 149, 150
BVerfG 9 S. 120 ff., Beschl. v. 21. 1. 1959, Anm. 160
BVerfG 9 S. 160 ff., Beschl. v. 3. 2. 1959, Anm. 154
BVerfG 10 S. 302 ff., Beschl. v. 10. 2. 1960, Anm. 149, 151
BVerfG 11 S. 232 ff., Beschl. v. 22. 6. 1960, Anm. 37
BVerfG 11 S. 263 ff., Beschl. v. 7. 7. 1960, Anm. 37
BVerfG 11 S. 336 ff., Beschl. v. 25. 10. 1960, Anm. 149
BVerfG 15 S. 275 ff., Beschl. v. 5. 2. 1963, Anm. 37
BVerfG 16 S. 89 ff., Beschl. v. 7. 5. 1963, Anm. 95
BVerfG 16 S. 119 ff., Beschl. v. 14. 5. 1963, Anm. 149, 151
BVerfG 20 S. 162 ff., Teilurt. v. 5. 8. 1966, Anm. 149
BVerfG 21 S. 139 ff., Beschl. v. 8. 2. 1967, Anm. 149, 151
BVerfG 21 S. 191 ff., Beschl. v. 15. 2. 1967, Anm. 61
BVerfG 21 S. 378 ff., Beschl. v. 2. 5. 1967, Anm. 149, 152
BVerfG 22 S. 49 ff., Urteil v. 6. 6. 1967, Anm. 149
BVerfG 22 S. 254 ff., Beschl. v. 19. 7. 1967, Anm. 157
BVerfG 22 S. 267 ff., Beschl. v. 19. 7. 1967, Anm. 157
BVerfG 24 S. 367 ff., Urteil v. 18. 12. 1968, Anm. 158
BVerfG 27 S. 1 ff., Beschl. v. 16. 7. 1969, Anm. 13
BVerfG 27 S. 344 ff., Beschl. v. 15. 1. 1970, Anm. 13
BVerfG 28 S. 151 ff., Beschl. v. 14. 4. 1970, Anm. 147
BVerfG 30 S. 173 ff., Beschl. v. 24. 2. 1971, Anm. 13, 147
BVerfG 31 S. 43 ff., Beschl. v. 27. 4. 1971, Anm. 89
BVerfG 32 S. 87 ff., Beschl. v. 13. 10. 1971, Anm. 149, 152
BVerfG 32 S. 373 ff., Beschl. v. 8. 3. 1972, Anm. 13, 33
BVerfG 34 S. 238 ff., Beschl. v. 31. 1. 1973, Anm. 13
BVerfG 35 S. 202 ff., Urteil v. 5. 6. 1973, Anm. 13, 147

BayVerfGH NJW 1969 S. 229 ff., Beschl. v. 24. 10. 1968, Anm. 42, 47, 50, 87, 163

Ordentliche Gerichte — Strafsachen

RGSt 23 S. 334 ff., Urteil v. 1. 12. 1892, Anm. 78
RGSt 43 S. 179 ff., Urteil v. 9. 11. 1909, Anm. 27
RGSt 48 S. 386 ff., Urteil v. 24. 9. 1914, Anm. 27
RGSt 67 S. 310 ff., Urteil v. 21. 9. 1933, Anm. 27
RGSt 74 S. 394 ff., Urteil v. 2. 12. 1940, Anm. 25, 27

BGHSt 7 S. 153 ff., Urteil v. 18. 1. 1955, Anm. 165
BGHSt 16 S. 374 ff., Beschl. v. 24. 11. 1961, Anm. 165
BGH Rechtspfleger 1955 S. 316 ff., Urteil v. 16. 2. 1955, Anm. 71
BGH JZ 1962 S. 609 ff., Beschl. v. 11. 1. 1962, Anm. 78
BGHLM Nr. 1 zu § 104 StPO, Beschl. v. 31. 10. 1963, Anm. 78
BGH NJW 1973 S. 2035 ff., Beschl. v. 13. 8. 1973, Anm. 181
BGH DVBl 1974 S. 908 ff., Beschl. v. 2. 5. 1974, Anm. 112

BayObLGSt (alte Folge) 12 S. 315 ff., Beschl. v. 18. 7. 1912, Anm. 217
BayObLGSt (alte Folge) 23 S. 14 f., Beschl. v. 19. 1. 1923, Anm. 217
BayObLG HRR 1935 Nr. 823, Beschl. v. 3. 1. 1935, Anm. 217
BayObLG NJW 1957 S. 272 ff., Beschl. v. 1. 8. 1956, Anm. 30, 36
OLG Braunschweig GA 1965/345, Beschl. v. 15. 6. 1965, Anm. 30
OLG Bremen JVBl 1961 S. 42 ff., Beschl. v. 14. 6. 1960, Anm. 162
OLG Bremen JVBl 1961 S. 191 f., Beschl. v. 20. 1. 1961, Anm. 162
OLG Celle NJW 1971 S. 256, Beschl. v. 12. 11. 1970, Anm. 30
OLG Celle NJW 1973 S. 863 ff. = JR 1973 S. 339 ff., Beschl. v. 4. 1. 1973, Anm. 17, 148, 181, 183, 185, 197, 214
OLG Düsseldorf NJW 1964 S. 2217 ff., Beschl. v. 11. 9. 1964, Anm. 30
OLG Frankfurt NJW 1965 S. 2315 ff., Beschl. v. 24. 8. 1965, Anm. 162, 164
OLG Frankfurt JVBl 1966 S. 117 f., Beschl. v. 15. 10. 1965, Anm. 55
OLG Hamburg JZ 1969 S. 241, Beschl. v. 5. 12. 1968, Anm. 27
OLG Hamburg NJW 1970 S. 1699 ff., Urteil v. 27. 2. 1970, Anm. 106
OLG Hamm Alsberg E Nr. 47, Beschl. v. 30. 12. 1924, Anm. 217
OLG Hamm JVBl 1966 S. 118 f., Beschl. v. 24. 1. 1966, Anm. 55, 56
OLG Hamm NJW 1968 S. 169, Beschl. v. 28. 9. 1967, Anm. 96
OLG Hamm NJW 1970 S. 1985 ff., Beschl. v. 8. 6. 1970, Anm. 30
OLG Hamm NJW 1972 S. 1246, Beschl. v. 1. 2. 1972, Anm. 41
KG NJW 1968 S. 608 ff., Beschl. v. 20. 12. 1967, Anm. 61, 62, 111
KG JR 1972 S. 297 ff., Beschl. v. 8. 9. 1971, Anm. 86, 87, 162, 163, 164, 166
OLG Koblenz JVBl 1961 S. 237 ff., Beschl. v. 3. 3. 1961, Anm. 50
OLG Köln NJW 1963 S. 1508, Beschl. v. 22. 5. 1963, Anm. 40, 41
OLG Königsberg DJZ 1927 S. 1046, Beschl. v. 16. 12. 1926, Anm. 217
OLG Königsberg HRR 1928 Nr. 393, Entsch. 14. 11. 1927, Anm. 213, 217
OLG Nürnberg MDR 1969 S. 600, Beschl. v. 28. 11. 1968, Anm. 41
OLG Rostock Alsberg E Nr. 252, Beschl. v. 9. 10. 1916, Anm. 23, 217
OLG Saarbrücken JVBl 1964 S. 40 ff., Beschl. v. 24. 5. 1963, Anm. 162

OLG Schleswig SchlHA 61 S. 24 ff., Beschl. v. 29. 7. 1960, Anm. 30, 32, 34
OLG Stuttgart Justiz 1967 S. 245, Beschl. v. 24. 7. 1967, Anm. 30, 31, 32
OLG Stuttgart NJW 1969 S. 760, Urt. v. 11. 12. 1968, Anm. 78
OLG Stuttgart NJW 1972 S. 2146 f., Beschl. v. 7. 6. 1972, Anm. 42, 55, 87, 162, 163, 164, 168, 170

Ordentliche Gerichte — Zivilsachen

BGHZ 6 S. 270 ff., Beschl. v. 10. 6. 1952, Anm. 231
BGH NJW 1973 S. 616 ff., Urt. v. 25. 1. 1973, Anm. 142

BayObLG NJW 1964 S. 1326, Beschl. v. 8. 4. 1964, Anm. 212, 214
OLG Köln FamRZ 1971 S. 190, Beschl. v. 29. 1. 1969, Anm. 212, 214

Verwaltungsgerichte

BVerwG 2 S. 302 ff., Urt. v. 3. 11. 1955, Anm. 101
BVerwG 11 S. 181 ff., Urt. v. 25. 10. 1960, Anm. 95
BVerwG 12 S. 87 ff., Urt. v. 28. 2. 1961, Anm. 119, 129
BVerwG 16 S. 289 ff., Urt. v. 2. 9. 1963, Anm.   1
BVerwG 17 S. 83 ff., Urt. v. 29. 10. 1963, Anm.   1
BVerwG 22 S. 16 ff., Urt. v. 5. 8. 1965, Anm. 75
BVerwG 26 S. 135 ff., Urt. v. 31. 1. 1967, Anm. 133
BVerwG 26 S. 161 ff., Urt. v. 9. 2. 1967, Anm. 57, 119, 120, 129, 135
BVerwG 26 S. 169 ff., Urt. v. 9. 2. 1967, Anm. 95
BVerwG 28 S. 202 ff., Urt. v. 15. 11. 1967, Anm. 75
BVerwG 28 S. 285 ff., Urt. v. 12. 12. 1967, Anm. 129, 132
BVerwG 45 S. 51 ff., Urt. v. 26. 2. 1974, Anm. 129
BVerwG NJW 1967 S. 1245 ff., Urt. v. 31. 1. 1967, Anm. 119
BVerwG DVBl 1968 S. 220 ff., Urt. v. 28. 4. 1967, Anm. 127
BVerwG BayVBl 1970 S. 219 ff., Urt. v. 19. 3. 1970, Anm. 131
BVerwG DVBl 1971 S. 277 ff., Urt. v. 19. 3. 1970, Anm. 131
BVerwG ZBR 1972 S. 160, Urt. v. 9. 9. 1971, Anm. 130
BVerwG DVBl 1973 S. 365 ff., Urt. v. 15. 12. 1972, Anm. 127
BVerwG DVBl 1974 S. 846 ff., Urt. v. 6. 9. 1974, Anm. 129
BVerwG JZ 1975 S. 523 ff., Urt. v. 3. 12. 1974, Anm. 97, 108, 168, 240

BayVGH BayVBl 1967 S. 97 ff., Urt. v. 15. 11. 1966, Anm. 97
BayVGH BayVBl 1973 S. 383 ff., Urt. v. 20. 3. 1973, Anm. 128
OVG Berlin NJW 1971 S. 637 = DVBl 71/279, Urt. v. 11. 11. 1970, Anm. 98
OVG Bremen VerwRspr. 23 (1972) S. 587 ff., Urt. v. 3. 9. 1971, Anm. 128, 133
OVG Hamburg DVBl 1967 S. 422 ff., Urt. v. 22. 4. 1966, Anm. 133, 134, 143, 144
OVG Hamburg DVBl 1971 S. 283 ff., Urt. v. 27. 2. 1970, Anm. 97
Hess VGH VGRspr. 1972 S. 22 ff., Urt. v. 3. 8. 1971, Anm. 128
PrOVG 26 S. 386 ff., Urt. v. 8. 5. 1894, Anm. 104

PrOVG 36 S. 434 ff., Urt. v. 15. 12. 1899, Anm. 44
OVG Saarlouis DÖV 1973, S. 863 ff., Urt. v. 17. 5. 1973, Anm. 129, 133, 124

VG Berlin NJW 1955, S. 964, Urt. v. 11. 2. 1955, Anm. 101
VG Berlin DÖV 1972 S. 103 ff., Urt. v. 10. 2. 1971, Anm. 129
VG Freiburg DVBl 1965 S. 575 ff., Beschl. v. 7. 8. 1964, Anm. 97
VG Stuttgart NJW 1975 S. 1294, Urt. v. 31. 1. 1975, Anm. 58

Printed by Libri Plureos GmbH
in Hamburg, Germany